COURS DE PHILOSOPHIE

LOGIQUE — PSYCHOLOGIE — MORALE — PHILOSOPHIE GÉNÉRALE

INTRODUCTION

A L'ÉTUDE DE LA

PSYCHOLOGIE

PAR

ARTHUR HANNEQUIN

CHARGÉ D'UN COURS COMPLÉMENTAIRE DE PHILOSOPHIE
A LA FACULTÉ DES LETTRES DE LYON

PARIS

G. MASSON, ÉDITEUR

120, boulevard Saint-Germain, en face de l'École de médecine

COURS DE PHILOSOPHIE

INTRODUCTION

A L'ÉTUDE DE LA

PSYCHOLOGIE

AVANT-PROPOS

Ces pages, écrites tout d'abord pour servir d'introduction à un *Manuel de psychologie*, dont la publication viendra un peu plus tard, sont destinées d'une manière toute spéciale aux élèves de philosophie des lycées et aux candidats à la licence qui étudient la psychologie dans nos Facultés.

Si nous leur avons donné un tel développement et si nous nous décidons à les publier à part, c'est que les questions générales qui y sont traitées nous ont paru mériter mieux que d'être enfermées dans le cadre étroit d'un chapitre de manuel. L'élève qui aborde la psychologie a besoin d'en connaître avec quelque détail l'objet, la méthode et les grandes divisions, d'apercevoir aussi de prime abord l'esprit et les tendances parfois contradictoires des doctrines et des écoles actuelles.

Si ce petit livre pouvait lui donner cette vue d'ensemble et le fixer dès l'entrée sur les principes, notre but serait atteint.

Lyon, le 24 juillet 1890.

7085-90. — CORBEIL. Imprimerie CRÉTÉ.

COURS DE PHILOSOPHIE

LOGIQUE — PSYCHOLOGIE — MORALE — PHILOSOPHIE GÉNÉRALE

INTRODUCTION

A L'ÉTUDE DE LA

PSYCHOLOGIE

PAR

ARTHUR HANNEQUIN

Chargé d'un cours complémentaire de philosophie
à la Faculté des Lettres de Lyon

PARIS

G. MASSON, ÉDITEUR

120, boulevard Saint-Germain, en face de l'École de Médecine

—

1890

Le Cours de Philosophie formera quatre parties :

La **Logique**, par M. LIARD, est en vente.

La **Psychologie**, par M. HANNEQUIN, est en préparation.

INTRODUCTION

A L'ÉTUDE

DE LA PSYCHOLOGIE

CHAPITRE PREMIER

DÉFINITION ET OBJET DE LA SCIENCE PSYCHOLOGIQUE

I

LA PSYCHOLOGIE SCIENTIFIQUE ; — COMMENT ELLE SE DISTINGUE DE LA PSYCHOLOGIE MÉTAPHYSIQUE.

La **psychologie** est, d'une manière générale, la science des faits psychiques et de leurs lois. On l'a pendant longtemps définie, et sans doute plus d'une école la définirait encore aujourd'hui, selon l'étymologie même du mot, la science de l'âme et de ses facultés; mais il ne semble pas que, dans l'état actuel de nos idées sur la science, une pareille définition puisse être maintenue. Toute réalité, en effet, quelle qu'elle soit, peut donner lieu à une double connaissance, selon qu'on veut en pénétrer la nature et le fond, ou qu'on prétend seulement en saisir ce qui s'en manifeste à notre intuition ce qui, en apparaît à nos sens, ou, d'un seul mot, le **phénomène**.

Dans le premier cas, la connaissance est **philosophique** : elle dépasse le *phénomène*, qui est sensible ou *physique*, pour aller à l'*être* qui est suprasensible ou *métaphysique*. Dans le second cas, la connaissance, limitée aux *faits* sous lesquels se manifeste l'existence, et aux *lois* qui en marquent les relations constantes, mérite seule d'être appelée **scientifique**.

Ainsi le monde des corps est l'objet d'une double recherche : la science, la physique par exemple, n'étudie que les *phénomènes* qui frappent nos sens, pour trouver et fixer leurs *lois*, c'est-à-dire les formes permanentes de leur succession causale; tels sont les phénomènes lumineux et sonores, qu'étudient l'optique et l'acoustique; tels sont encore, d'une manière plus générale, les mouvements visibles de translation des corps dus à la gravitation, ou les mouvements invisibles des molécules et des atomes, qui constituent les phénomènes de pesanteur, de lumière, de chaleur ou d'électricité. Mais, qu'elle soit expérimentale ou mathématique, la physique ne remonte jamais plus haut que le fait sensible, couleur, son ou mouvement. Elle ne doit point, par exemple, poursuivre les *raisons premières* de la chaleur, ou du mouvement vibratoire qui la produit; elle n'a point, en d'autres termes, à rechercher la constitution de la matière, ni la *nature métaphysique* du mouvement, ou du corps.

Ce n'est pas qu'une telle recherche n'inspire à notre esprit le plus haut intérêt : bien plus, si c'est beaucoup déjà pour notre curiosité et notre utilité que de savoir les lois des phénomènes de la nature physique, nous n'y trouvons pas pourtant une satisfaction complète : à tort ou à raison, nous voulons pénétrer jusqu'au dernier fond de l'être pour y trouver l'explication des phénomènes eux-mêmes, de leurs lois, et du mouvement, qui paraît être, aux yeux de la science moderne, l'élément irréductible de tous les phénomènes physiques.

Il est donc bien vrai qu'à côté de la connaissance des corps, ou, plus généralement, d'un objet quel qu'il soit, il y a place pour une connaissance d'un ordre tout à fait différent, qu'il convient d'appeler philosophique ou métaphysique. A côté de la *science de la physique* et en dehors d'elle, il existe une *philosophie de la physique*, l'une purement positive et phénoméniste, l'autre tout idéale et spéculative.

De la même manière, il existe une *science* et une *philosophie* de la psychologie, ou, comme on dit le plus souvent, une *psychologie scientifique* et une *psychologie métaphysique* [1]; il va de soi que cette dernière reste avant tout préoccupée de l'essence de notre âme, comme la philosophie de la nature l'est, à juste titre, de l'essence du corps. Mais la philosophie n'est pas la science; et la confusion de l'une avec l'autre n'a pas manqué d'être aussi préjudiciable à la psychologie qu'à la physique, à la chimie ou à la physiologie.

Il est aisé de s'en rendre compte : la science ne saurait partir, si elle est déductive, que de définitions ou de postulats précis, si elle est inductive et expérimentale, que de faits observables ; et ce qu'elle poursuit, ce qu'elle construit lentement, mais en en vérifiant pas à pas la valeur, ce sont les liens logiques des concepts déduits, ou les relations physiques et constantes des phénomènes perçus. A ce compte, elle est positive et certaine. Quant à la métaphysique, qui poursuit un

---

1. Nous ne saurions trop insister sur ce point; et nous en profitons pour mettre les élèves en garde contre une confusion qu'ils commettent si souvent : *psychologie* n'est pas *philosophie*; et c'est une faute grave que d'employer indifféremment ces deux mots l'un pour l'autre.

autre but, elle emploie aussi, pour l'atteindre, une méthode toute différente : elle qui ne veut plus seulement connaître, ou, si l'on veut, constater simplement ce qui est, mais l'expliquer et le pénétrer jusque dans son essence, doit, semble-t-il, laisser d'abord s'achever la science, cette connaissance du phénomène, pour la réfléchir, et, par la réflexion, dépasser et comprendre à la fois la science et son objet. Or la réflexion n'implique point, comme la démonstration ou l'expérimentation, des procédés stricts d'analyse et de synthèse, portant constamment avec eux leur preuve ou les moyens de les vérifier ; elle est plutôt faite d'invention que de déduction, demande plus aux puissances divinatrices de l'esprit qu'à ses facultés d'observation positive, si bien que, née d'une pensée plus personnelle et plus libre, elle s'offre plus à la croyance qu'elle n'apporte de certitude. Dès lors la métaphysique ne doit songer à réfléchir qu'un monde connu, qu'un monde déjà retrouvé par la science, que la science toute faite. Introduire la métaphysique et sa méthode dans une science qui se fait, c'est risquer d'y mettre une divination téméraire et hâtive, à la place des patientes recherches de l'observateur et de l'expérimentateur.

Tel fut le danger si longtemps couru par la psychologie : rien peut-être n'est si délicat et difficile que l'observation et l'analyse scientifiques des phénomènes psychiques, tant est grande leur complexité, et tant ils sont variables et mobiles, prêts à fuir ou à se modifier sous les moindres mouvements de l'attention. On verra bientôt combien restreints en nombre et de quel maniement difficile sont les procédés d'expérimentation psychologique[1]. Ajoutons enfin que jamais la réflexion

1. Voy. chap. III.

individuelle ne saurait trouver un objet plus prompt à revêtir les formes qu'on lui prête que l'être interne ou que le *moi*.

Dès lors jamais non plus le procédé métaphysique ne fut plus exposé à supplanter la science ; et on ne le vit que trop souvent mettre à la place des lenteurs de l'induction scientifique une anticipation rapide et vaine. S'agissait-il d'expliquer un fait complexe, sensible par exemple ou volontaire, ce n'était pas toujours à l'analyse qu'on avait recours : on ne tentait d'en trouver ni les conditions, ni les éléments, ni les relations avec d'autres faits, d'ordre psychologique ou même d'ordre physiologique ; mais par une opération qu'on appelait inductive, sans qu'elle eût rien de commun avec l'induction véritable, on remontait, disait-on, de l'effet à la cause, du fait sensible ou volontaire au pouvoir de sentir ou de vouloir, et ainsi de suite : explication purement verbale, qui transportait à une cause occulte un effet inexpliqué, et qui écartait le problème sans le résoudre. Dire de l'âme en effet qu'elle sentait ou pensait parce qu'elle avait la *faculté* de penser ou de sentir, c'était à peu près autant avancer la question que si du corps on affirmait qu'il tombe parce qu'il est *pesant*, sans connaître les lois de la pesanteur ou sans chercher dans les propriétés mécaniques de l'éther les conditions de la gravitation.

Qu'on saisisse bien notre pensée : nous ne songeons pas un instant à condamner, dans les lignes qui précèdent, la métaphysique et ses résultats principaux ; nous sommes même très éloigné de croire que la théorie des facultés de l'âme ait été toujours puérile, et que, entre les mains de savants distingués, comme Jouffroy ou Garnier, elle n'ait point apporté à la science une foule d'observations bien faites et d'analyses fécondes ; mais il n'en reste pas moins vrai qu'elle a fourni souvent aux psycho-

logues un moyen trop facile de trancher les questions,
et qu'elle est le résultat le plus fameux des fausses
tendances de la psychologie. S'il en faut répéter la raison,
c'est qu'il n'est pas bon que la métaphysique vienne avant
son heure, ou qu'elle veuille affronter des problèmes qui
ne sont pas les siens. A elle revient très justement le
rôle de sonder la nature de l'âme, d'en définir les
formes, les énergies et l'essence, d'en apprécier la valeur
au milieu des autres êtres, et d'en chercher les origines
et la destinée. Rien de plus haut ni de plus attirant que
de telles questions ; mais rien aussi de plus mystérieux,
rien qui mérite davantage qu'on attende les résultats
positifs de la science psychologique, et qu'on n'en trouble
point les développements par la confusion des méthodes.

Sans doute il n'est pas d'être si près de nous que
nous-même, et jamais dès lors notre connaissance n'est
si près de l'être véritable que quand nous voulons nous
connaître : de là vient que la pente est si facile de la
psychologie à la métaphysique et que la première reste
encore, de nos jours, l'introduction naturelle de la
seconde. Mais il faut pourtant distinguer l'une de l'autre,
de peur, comme on l'a fait si longtemps, d'altérer l'une
par l'autre ; et le plus sûr moyen d'y réussir, sans nuire
à la psychologie métaphysique, c'est de laisser à la science
de la psychologie son domaine propre ; c'est de l'as-
treindre à n'étudier, comme son objet, que les faits de
conscience ou phénomènes psychiques, leurs conditions et
leurs lois, en employant une méthode rigoureusement
positive, comme il convient pour étudier des faits.

II

DÉFINITION DES FAITS PSYCHIQUES : OBJET DE LA PSYCHOLOGIE EN GÉNÉRAL.

Mais si la psychologie est la *science des faits psychiques et de leurs lois*, qu'est-ce donc qu'un **fait psychique ?**

Dans le sens rigoureux du mot, c'est un phénomène de l'esprit ou de l'âme, un *fait mental, intérieur, saisissable par la seule conscience de l'être en qui il se produit.* Et ce dernier caractère, à dire vrai, implique tous les autres : seul il définit bien, et seul il suffit à définir le phénomène psychique. Essentiellement, en effet, ce phénomène échappe aux conditions de l'extériorité et par conséquent ne saurait être vu du dehors ; tout entier dans l'intérieur de l'être qui l'éprouve, il n'existe qu'en lui, n'est observable que pour lui. Telle est, par exemple, une douleur : un seul individu, qu'il soit un animal ou qu'il soit un homme, la saisit directement, celui qui l'endure ou qui la souffre : à tout autre elle échappe nécessairement ; et il n'existe aucun moyen, pour une conscience quelconque, de pénétrer une autre conscience, de souffrir ses douleurs, de sentir ses sentiments ou de penser ses conceptions et ses idées.

Sans doute, pourrait-on remarquer, tous les faits de la nature, même physique, sont en quelque manière assujettis aux mêmes conditions : qui dira ce qu'est, en soi, un phénomène chimique ou biologique ? qui pourra se substituer, en quelque sorte, à l'activité qui le fait être et qui se confond avec lui-même pour le saisir dans sa réalité vive et dans son existence ?

A ceci toutefois on peut répondre qu'un phénomène du dehors, eût-il une réalité et comme une face interne que

nous ne pouvons pas apercevoir, n'a pour nous d'autres
qualités que celles qui nous apparaissent, qui sont dès
lors ses manifestations, que nous localisons quelque part
hors de nous, dans l'étendue. Tout phénomène ou tout
être qui n'est pas nous, est hors de nous ; et, en fin de
compte, nous ne saisissons directement en nous qu'un
être intérieur, nous-même, échappant à toute condition
d'étendue ou d'espace, ou hors de nous que des objets
nécessairement séparés de nous, diversement localisés
dans l'espace, étendus et mobiles. Même il pourrait se
faire que les conditions d'existence des phénomènes de
l'univers, sauf les phénomènes de notre propre conscience, fussent toutes dérivées à nos yeux de la possibilité de les localiser, des variations continuelles de leurs
positions dans l'espace, ou, d'un seul mot, de leur mobilité : la physique moderne ne proclame-t-elle pas en
effet que tout est mouvement dans le monde, depuis
l'énergie solaire qui y entretient la vie sous ses formes
les plus diverses, jusqu'aux vibrations nerveuses et
cérébrales qui précèdent la sensation lumineuse et so-
nore, ou qui, par une impulsion spéciale, provoquent
les contractions des fibres musculaires?

Ainsi tous les phénomènes observables se partagent
en deux catégories bien distinctes : des phénomènes qui
sont essentiellement *nôtres*, qui sont inétendus, et que
notre conscience seule saisit : ce sont les **phénomènes
psychiques** ; et une multitude d'autres phénomènes, qui
sont naturellement ou qu'en tout cas nous plaçons hors
de nous, qui sont étendus et mobiles, et que toutes les
consciences différentes de la nôtre, celles des autres
hommes ou celles des animaux, peuvent appréhender ou
saisir au même titre que nous : ce sont les phénomènes
qui nous sont extérieurs, qui appartiennent à la *nature*,
et qu'on pourrait appeler les **phénomènes physiques**.

D'ailleurs il va de soi que des phénomènes psychiques ou conscients peuvent exister en plus d'un point de l'univers, en chaque homme, par exemple, en chaque animal, peut-être en chaque plante, peut-être même au sein des minéraux et des plus pauvres des atomes; mais en tout cas le caractère qui les définit est qu'ils ne sont immédiatement saisis que par un être unique, l'être en qui ils se produisent, tandis que le caractère spécifique des autres est précisément inverse puisqu'ils peuvent être représentés en plus d'une conscience, et qu'ils s'offrent, par exemple, aux sens de tous les hommes.

Mais si le fait psychique est à ce point individuel qu'un seul individu puisse l'observer, à savoir celui qui en est le *sujet*, ne semble-t-il pas qu'il ne puisse y avoir pour chaque individu psychologique qu'une psychologie de soi-même, étroite et personnelle? La psychologie serait alors toute descriptive; elle pourrait être une intéressante autobiographie ; elle ne serait point une science, puisque, selon le mot d'Aristote, il n'y a pas de science de l'individuel. Il faut donc, pour qu'elle soit une science, qu'elle connaisse le général, qu'elle ne soit point limitée à la constatation des sentiments et des états individuels, mais qu'elle puisse comparer entre eux les états de conscience de plusieurs sujets, en fixer les traits communs et persistants, en dégager la loi. A ce prix la psychologie humaine, par exemple, est possible : elle sort de l'individu pour atteindre l'espèce et pour n'attribuer essentiellement au premier que ce qu'il a de commun avec la dernière.

Mais peut-on se contenter d'une psychologie humaine? Il n'y a point de *mécanique* ni de *physique humaines;* ni l'une ni l'autre même ne restent exclusivement terrestres ; il y a une *mécanique* pour tous les phénomènes quelconques de mouvement, et une *physique* pour tous ceux de pesanteur, de chaleur, d'électricité, etc. Il n'y a pas seulement non plus·une *physiologie humaine*, mais, sauf chez les médecins, préoccupés avant tout de l'homme, la physiologie tend de plus en plus à devenir la *physiologie générale* et à envelopper l'étude de toutes les fonctions vitales sous leurs formes les plus rudimentaires aussi bien que sous les plus riches.

De même la psychologie, sous peine de ne point sortir des descriptions et des monographies, doit être, dans le sens le plus large du mot, la science de la vie psychique et de toutes ses fonctions depuis leur moindre degré dans le plus humble des animaux, jusqu'à leur épanouissement complet dans l'homme. Ainsi seulement elle pourra briser la complexité des faits pour en atteindre les *éléments* et les *lois élémentaires ;* car l'objet de la science, selon le mot de Descartes, est toujours d'aller aux éléments les plus simples, pour remonter peu à peu jusqu'aux êtres les plus composés, où on ne retrouve en somme que leurs combinaisons ordonnées et diverses.

Mais une telle œuvre, si désirable qu'elle soit, peut-elle être accomplie ? Si la vie consciente est en elle-même impénétrable, comme nous l'avons dit, et si elle est rigoureusement individuelle, comment l'observer du dehors ? A une seule condition, évidemment : c'est qu'elle ait ses manifestations extérieures, ses *signes ;* et à la condition aussi qu'il existe entre le signe et la chose signifiée, entre le phénomène psychique invisible et sa traduction visible un parallélisme constant, une relation persistante et connue de l'observateur. D'ailleurs on voit tout de suite que ce dernier, incapable de connaître directement d'autres faits psychiques que les siens propres, ne peut s'appuyer que sur l'*analogie* pour interpréter les signes de la vie consciente chez les autres :

un cri est à ses yeux le signe d'une douleur, parce que son expérience propre lui a montré l'association constante dans sa personne de cette douleur et de ce cri; et dès lors, sur cette donnée, il suppose dans la conscience d'autrui l'état qu'il n'a jamais observé qu'en sa propre conscience.

On ne pouvait manquer de relever en cette occasion tous les défauts et toutes les incertitudes de la simple analogie; et quand un psychologue s'appuie sur elle pour donner à un organisme inférieur, à une monère par exemple, une vie consciente, et dès lors des plaisirs, des besoins toujours semblables, quoi qu'on fasse, aux besoins et aux plaisirs humains, l'hésitation et le doute sont excusables. Mais ce sont là des cas extrêmes; et s'ils justifient la méfiance des observateurs prudents, n'est-il pas vrai pourtant que l'analogie, sur laquelle en définitive reposent le langage et toutes les relations des hommes entre eux, présente aussi ses garanties et ne manque en certains cas de certitude qu'aux yeux d'un scepticisme radical?

Il est donc très possible que les événements de la vie mentale se manifestent au dehors sous des formes que l'analogie et la comparaison avec nos propres états nous aident à reconnaître sûrement; et on comprend combien il importe au psychologue d'examiner ces *signes*, de les apprécier, et même de chercher la raison profonde de leur constance et de leur valeur dans les conditions mêmes de la vie psychique.

III

LES SIGNES DES FAITS PSYCHIQUES; LES CONDITIONS DE LEUR VALEUR.

Le signe le plus fréquent de l'existence d'un état de conscience est le caractère *spontané* des mouvements qui en sont la suite. D'une manière générale, on peut en effet se représenter la conscience comme un *sentiment* de soi, de l'état où l'on se trouve à un moment donné, des actions ou modifications que l'on subit, qu'il soit d'ailleurs d'une extrême clarté comme dans l'homme, ou d'une obscurité presque absolue, comme dans les plus infimes des animaux. Or un tel *sentiment* enveloppe toujours quelque jouissance ou quelque souffrance, quelque souvenir et quelque prévision, tout au moins un effort, un appétit pour faire durer la jouissance et cesser la souffrance; comment dès lors la présence d'un tel état, d'un tel phénomène entre les excitations venues du dehors et les mouvements par lesquels l'être réagit contre elles, pourrait-elle ne point se traduire dans ceux-ci, ne les affecter d'aucun caractère? Comment, en d'autres termes, un phénomène qui ne saurait rester isolé dans la série des faits serait-il sans suite et sans effet? On ne le peut pas même concevoir. Il est donc certain qu'il exerce une influence sur les réactions de l'être; et l'analogie nous conduit à penser qu'elles ne seront plus immédiates, comme les réactions simplement chimiques, physiques ou mécaniques, mais séparées des excitations par un temps d'arrêt, le temps nécessaire à la conscience, à l'hésitation de l'être qui choisit et mesure son acte à venir, et qui ensuite le réalise; il est évident enfin qu'une telle action, loin d'être rigoureusement déterminée par ses antécédents mécaniques, portera quelque marque du sentiment qui l'a fait choisir, quelque signe d'adaptation intentionnelle et par conséquent de *spontanéité*. Lorsque, par exemple, les barbes d'une plume sont agitées par le vent et que la plume elle-même est mue et transportée au loin, je me rends très rapidement compte que tous ces mouvements, aussi bien son mouvement total que ses mouvements partiels, ont leur cause adéquate : 1° dans le poids et la forme même de la plume ; 2° dans l'énergie motrice et la direction du vent. En un mot, le phénomène s'explique entièrement par des raisons extérieures, toutes géométriques et mécaniques ; et si j'ai eu un seul instant l'illusion que la plume était pourvue de sentiment et de spontanéité motrice, un examen plus attentif des variations de ses mouvements, toujours liées aux variations de la force et de la direction du vent, me l'a bientôt enlevée. Au contraire l'attitude d'une chienne qui réchauffe ou protège ses petits, a sa condition première dans l'existence évidente d'un sentiment qui préside à tous les mouvements de l'animal, et qui seul en est la raison suffisante.

Cependant le psychologue ne peut s'en tenir là ; il est trop clair qu'il ne lui suffit pas de constater et de relever les cas où se manifeste la conscience ; il a un autre rôle, qui est d'en indiquer avec précision le domaine et les limites. Il doit, en d'autres termes, montrer où elle commence et où elle finit, et quelles en sont les conditions.

Il n'y a pas de doute qu'il soit astreint, pour y réussir, à partir de la conscience humaine, la seule qui lui soit ouverte, et qu'il doive, en la prenant pour origine, suivre une voie descendante jusqu'aux formes rudimentaires de la vie psychique.

Or il ne manquera pas de constater, tout près de lui, chez les animaux supérieurs, des sensations, des connaissances au moins sensibles, des affections et des volitions qui leur font unanimement attribuer, de nos jours, une intelligence et presque une volonté très voisines des nôtres.

Puis, à mesure qu'il descendra les degrés de l'échelle animale, il verra peu à peu les différences individuelles remplacées par l'uniformité de la race, l'adaptation héréditaire et instinctive des actes substituée à la spontanéité si variée de l'intelligence, jusqu'à ce qu'il ne trouve plus enfin devant lui, pour toute opération animale, que l'action réflexe, mécanisme aussi fatal en apparence et aussi rigoureux que l'autre. Tout le monde paraît croire en effet que si l'action instinctive, comme l'écrit Romanes [1], est toujours accompagnée de quelque conscience sinon du but poursuivi, au moins des mouvements appropriés au but et modifiés à chaque instant pour l'atteindre, il n'en est pas de même de l'action réflexe, simple réponse musculaire d'un organisme à des excitations venues du dehors.

Aux organismes qui n'accompliraient que des actes réflexes, par exemple aux oursins, la vie psychique s'arrêterait-elle donc, comme à la limite des réflexes, chez un animal supérieur, s'arrête la conscience? Il n'en est rien évidemment; et c'est un motif capital qui s'y oppose. L'action réflexe implique un système nerveux; elle en est, comme nous le montrerons plus loin, la fonction essentielle et primitive, l'action élémentaire; et il n'existe pas de système nerveux sans un organisme qui tout au moins se nourrisse et se reproduise; mais il n'existe pas non plus de nutrition ni de

---

1. Romanes, *Évolution mentale chez les animaux.* Paris, 1884, ch. XI.

reproduction, selon la remarque profonde de Wundt, qui n'exige une appropriation coordonnée de certains mouvements, et qui ne suppose un besoin plus ou moins douloureux, quelque effort pour le satisfaire, par conséquent aussi quelque obscure conscience.

C'est donc jusqu'aux limites mêmes de l'animalité et de la vie qu'il faut aller chercher celles de la conscience. Aussi bien la sensibilité n'est-elle point, à nos yeux, contemporaine de la vie? Concevons-nous que l'une puisse commencer sans l'autre? Et l'une n'est-elle point, à vrai dire, comme le critérium et le signe de l'autre? Pourquoi la plante insectivore, qui prend les mouches d'un mouvement combiné de ses feuilles et s'en nourrit, n'est-elle toujours qu'une plante et point un animal, sinon parce qu'elle n'offre pas trace de sentiment et de conscience ? Et pourquoi, au contraire, le plus humble des radiés, l'étoile de mer par exemple, dont les mouvements sont presque automatiques, est-il classé parmi les vivants, sinon parce que nous croyons qu'il éprouve des jouissances et des souffrances, fussent-elles profondément obscures, et parce qu'il en manifeste au dehors des signes non équivoques ?

Ainsi point de vie physiologique, peut-être point de cellule vivante ni de *protoplasma* qui n'ait quelque élément de sensibilité, quelque conscience infinitésimale; mais point de conscience non plus qui n'ait en quelque sorte son support dans une cellule ou dans un organisme. Même, à vrai dire, singulièrement enveloppée et confuse dans la cellule, à peine soupçonnée dans les tissus simplement contractiles, la conscience ne se dégage nettement qu'à la première apparition, dans l'échelle zoologique, des nerfs et du système nerveux, si bien qu'à voir, à travers la série animale, le parallélisme constant des développements de l'une et de l'autre, on ne s'est pas toujours contenté d'affirmer que l'un était la *base corporelle* et comme la condition de l'autre ; mais on s'est demandé et on se demande encore souvent si le système nerveux ne serait point l'organe, et si le sentiment et la pensée ne seraient point la fonction.

Quoi qu'il en soit de ces conséquences extrêmes, les relations réelles sur lesquelles on les appuie justifient pleinement la confiance du psychologue en l'existence des *signes* de la vie psychique ; car ils ont, en dernière analyse, la raison de leur valeur dans l'intime association des vibrations nerveuses, qui commandent aux muscles, et des états de conscience.

Mais quelle est au juste la nature de cette association ? Ne cacherait-elle point, en définitive, l'unité absolue des termes qu'elle assemble, des vibrations nerveuses et de l'état psychique ?

Serait-il vrai que ce dernier ne fût, comme les vibrations, qu'une fonction d'un organe infiniment complexe, le système nerveux ? Mais alors le phénomène physiologique ne serait plus seulement la *condition* du phénomène psychique ; il en serait l'*essence* ; et la psychologie ne serait point davantage une science indépendante, elle ne serait qu'un chapitre de la physiologie.

On comprend que pour toute psychologie qui se donne comme une science, la question soit d'importance : nous allons l'examiner au chapitre suivant.

Bibliographie.

— Ribot, *la Psychologie anglaise contemporaine*, introduction.
— Lange, *Histoire du matérialisme*, t. II, part. III, ch. II.
— Marion, *Dictionnaire de pédagogie*, art. PSYCHOLOGIE.
— J. Lachelier, article intitulé *Psychologie et métaphysique*, dans la *Revue philosophique*, t. XIX, 1885.
— Wundt, *Psychologie physiologique*, I, section Iʳᵉ, ch. I.
— Sergi, *la Psychologie physiologique*.

— Maudsley, *Physiologie de l'esprit.*
— Romanes, *l'Évolution mentale chez les animaux*, ch. 1: *le Critérium de l'esprit.*
— G. Lyon, article intitulé *le Monisme en Angleterre: W. K. Clifford*, dans la *Revue philosophique*, t. XVI.
— Janet et Séailles, *Histoire de la philosophie*, I, ch. II.

CHAPITRE II

DISTINCTION DES PHÉNOMÈNES PSYCHOLOGIQUES ET DES
PHÉNOMÈNES PHYSIOLOGIQUES. — INDÉPENDANCE DE LA
PSYCHOLOGIE COMME SCIENCE.

I

ÉTROITE SOLIDARITÉ DES PHÉNOMÈNES PSYCHOLOGIQUES
ET DES PHÉNOMÈNES PHYSIOLOGIQUES.

Que la vie mentale trouve sa condition indispensable
dans la vie organique, qu'elle y soit étroitement liée et
qu'elle en dépende en quelque manière, on n'en a jamais
sérieusement douté, ni au temps de Platon et d'Aristote,
ni au temps de Bossuet, et on en peut moins douter de
nos jours qu'à aucune autre époque : la science moderne
en a fait la preuve de toutes les manières par l'anatomie
et la physiologie comparées, aussi bien que par la pathologie et la physiologie humaines. Aussi toute une école
de physiologistes et de psychologues soutient-elle, de
notre temps, en s'appuyant sur des données scientifiques très sérieuses, que le fait psychique n'est qu'une
fonction de certains organes, ou, ce qui revient au même,
un phénomène physiologique d'une espèce particulière.
Une étude attentive des conditions physiques de la
vie mentale ne paraît apporter que des confirmations à

cette vue, si féconde d'ailleurs en progrès pour la psychologie scientifique.

Comme nous l'avons indiqué dans le précédent chapitre, on a pu se demander si l'élément anatomique de
la vie animale, la cellule, ne renfermerait point déjà une
sorte de conscience élémentaire. Mais quoi qu'il en soit
de ce problème aussi obscur que séduisant, tout le
monde reconnaît que la conscience n'apparaît vraiment
qu'avec le système nerveux, mais qu'elle en est insépa-
rable, et que les développements et la complexité crois-
sante de l'un sont toujours étroitement liés aux progrès
et à la clarté de l'autre.

Prenons donc rapidement connaissance de la constitution anatomique essentielle d'un système nerveux,
pour en étudier ensuite les fonctions.

A première vue, chez les animaux inférieurs aussi bien
que chez les plus élevés, sa masse est tantôt grise,
comme l'écorce cérébrale d'un mouton, par exemple,
tantôt blanche, comme le sont presque entièrement les
parties intérieures des hémisphères. Or les travaux des
micrographes ont démontré que toujours la *substance
grise* était composée de *cellules nerveuses*, dont les éléments essentiels, en dépit de la diversité de leurs formes,
sont un noyau brillant ou *nucleus*, et un *protoplasma gra-
nuleux* de couleur grise qui donne précisément leur nuance
aux masses cellulaires. La *substance blanche* au contraire
ne laisse jamais voir au microscope que des *fibres* de
même couleur, constituées par un fil mince et continu,
appelé *cylindre-axe*, et le plus souvent par une *gaine
médullaire* qui enveloppe celui-ci et qui est elle-même
protégée par la *gaine primitive de Schwann*. De ces trois
éléments, le seul essentiel est le cylindre-axe ; et l'un
des deux autres ou même tous les deux manquent assez
souvent.

Si simple et si rudimentaire que soit un système nerveux, il est toujours composé d'au moins une *cellule* ou *ganglion central*, et d'au moins *deux fibres* ou *filets nerveux*. La fonction d'un pareil système est bien connue de nos jours, et elle est le type fondamental de la fonction nerveuse: on lui donne le nom d'*action réflexe*. En voici la description schématique : un ganglion C, composé de matières chimiques très instables, la *lécithine* et la *cérébrine* par exemple, est mis en communication avec l'extérieur par deux fibres nerveuses : l'une la fibre A, dont l'extrémité périphérique *a* est un véritable appareil récepteur (ramifié par exemple dans une muqueuse ou dans le derme), apporte au ganglion les impressions ou les excitations du dehors ; l'autre la fibre B, qui aboutit par son extrémité *b* à un appareil contractile ou à une fibre musculaire, porte à celle-ci la décharge du ganglion central et l'oblige à se contracter.

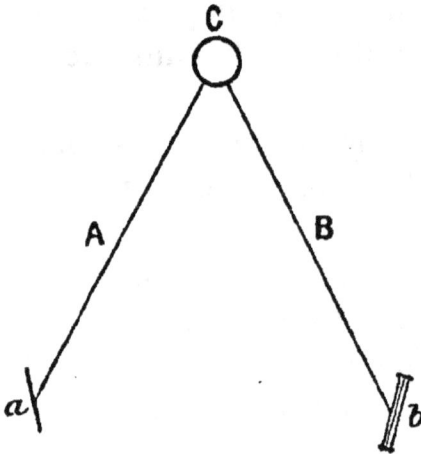

Fig. 1.

Qu'on le remarque bien : la contraction musculaire n'est pas autre chose que la réponse de l'organisme à une excitation externe ; et tandis que les fibres ont été simplement *conductrices*, l'une A de l'excitation centripète, l'autre B de la réaction centrifuge, le ganglion a été l'*agent principal* de la réponse : véritable réservoir de force, il est devenu, sous l'action de la fibre A, le lieu d'une décomposition chimique très rapide, et dès lors l'énergie accumulée dans la cellule, rendue libre par cette décomposition même, se dégage sous la forme d'un mouvement qui est transmis par le filet nerveux B et qui produit la contraction du muscle.

En somme l'acte définitif n'est pour ainsi dire que le dernier terme d'une série de phénomènes mécaniques, dans un appareil qui avait emmagasiné d'avance une grande quantité d'énergie latente, prête au moindre choc à se transformer en énergie vive et en mouvement actuel ; et l'action réflexe est ainsi le produit d'un mécanisme très perfectionné, mais qui n'est pourtant, comme l'avait prévu Descartes, qu'un mécanisme.

Or beaucoup d'actions physiologiques, même chez l'homme, ne sont que des actions réflexes : tels, par exemple, l'éternuement, la toux, les contractions du cœur. Et quand on suit pas à pas les degrés de l'activité nerveuse, sans retrouver jamais autre chose que des filets centripètes ou centrifuges, afférents ou efférents, et des centres de substance grise plus ou moins volumineux, peu à peu on en vient à ne voir partout que la répétition du type primitif, plus ou moins compliqué, et de l'action réflexe, développée et transformée jusqu'à devenir l'acte volontaire.

L'appareil que nous avons décrit tout à l'heure, en effet, n'était que schématique ; et on ne trouve jamais, dans la réalité, un système nerveux réduit à une seule cellule et à deux cylindres-axes. Le centre le plus rudimentaire est toujours composé d'un certain nombre de cellules ; et n'y eût-il que deux conducteurs, encore chacun de ceux-ci est-il un véritable faisceau nerveux.

Un même centre est donc toujours relié à la périphérie d'une part et aux muscles de l'autre par un grand nombre de filets nerveux, si bien qu'une excitation unique peut, selon les cas, provoquer des réactions diverses, cheminant par diverses fibres centrifuges, ou qu'inversement des excitations, venues de différents points de la périphérie, peuvent provoquer des réactions semblables.

Mais la complexité du système peut s'accroître encore de bien d'autres manières : pourquoi des ganglions centraux, pourvus d'ailleurs de leurs fibres conductrices propres, ne pourraient-ils être reliés entre eux par des fibres commissurales, pour constituer des centres importants ? Et pourquoi à leur tour ces derniers ne seraient-ils point liés à d'autres, puis hiérarchisés, et subordonnés enfin à des masses de substance grise, chargées de centraliser toutes les impressions, de coordonner toutes les réactions ?

Il serait utile de demander à la *morphologie* et à l'*embryologie*[1] les preuves qu'il en est ainsi dans la réalité ; mais nous devons nous contenter ici, pour être bref, de montrer la hiérarchie des centres nerveux dans l'organisme humain. Sans parler des ganglions voisins de la périphérie, n'est-il pas vrai que la *moelle épinière* centralise, à des hauteurs diverses, les impressions des fibres afférentes dites *sensitives*, et qu'elle détermine parfois sous leur influence, sans en avertir le cerveau, des réactions qu'elle expédie par les fibres efférentes ou *motrices* jusqu'aux appareils musculaires ? A ce compte, la moelle épinière, avec ses filets sensitifs et moteurs, constitue précisément l'appareil réflexe le plus important chez les animaux supérieurs et chez l'homme.

Mais au-dessus d'elle apparaissent d'autres centres auxquels parviennent souvent, grâce aux fibres longitudinales de la moelle, des impressions qui lui sont apportées du dehors : tels sont le bulbe rachidien, le cervelet et le cerveau proprement dit. Ces derniers à leur tour

---

1. Voy. Wundt, *Psychol. physiol.*, I, Section I, ch. III, sur le *Développement de forme des centres nerveux*.

reçoivent tantôt des impressions venues directement de la périphérie, par les nerfs optique, par exemple, ou acoustique, tantôt des impressions qui en viennent indirectement à travers la moelle, tantôt enfin des excitations, nées dans des centres inférieurs ou parallèles, sans qu'il y ait eu action directe des objets du dehors.

Telles sont, esquissées d'un trait rapide, les relations des centres principaux, dans les organismes supérieurs. Or n'est-il pas évident que le système nerveux le plus parfait n'est cependant jamais que l'*arc réflexe* primitif, multiplié, il est vrai, et compliqué à l'infini, mais cependant toujours le même au fond? Quand une impression va, par exemple, à travers la moelle et les autres centres secondaires, de la main au cerveau, et que le cerveau, d'une manière plus ou moins compliquée, répond à l'excitation par des mouvements coordonnés des muscles de la main, que s'est-il réellement passé? Y a-t-il eu, physiquement, d'autres phénomènes que des vibrations dans les conducteurs périphériques, des décharges dans les centres les plus proches, puis d'autres vibrations conductrices jusqu'aux centres les plus élevés, et dans ceux-ci enfin d'autres décharges, dont le retentissement s'est fait sentir au retour jusqu'à la périphérie? Un système nerveux en un mot, si riche et si complexe qu'il soit, est-il autre chose qu'un mécanisme délicat mis en mouvement par les actions les plus subtiles à la fois et les plus violentes d'agents physiques et chimiques? D'ailleurs, pour qui connaît l'inflexibilité des lois de la matière, se pourrait-il que cette matière nerveuse, si mobile qu'on l'imagine, réussît à s'y soustraire un seul instant, et que le plus insaisissable de ses mouvements ne fût point, comme tel, rigoureusement réglé par les lois de l'inertie et du parallélogramme des forces? Donc rien d'indéterminé dans un tel organisme, où tout dé-

pond à chaque instant de la quantité accumulée d'énergie musculaire et nerveuse, et où le mouvement final
n'est en définitive que la résultante nécessaire de l'impulsion initiale composée avec les forces du système.

II

LA CONSCIENCE N'EST-ELLE DONC QU'UN « REFLET » OU QU'UN « LUXE » ?

On conçoit qu'une série de phénomènes mécaniques si
étroitement enchaînés ne puisse s'ouvrir en quelque sorte
pour laisser s'insérer entre eux quelque élément nouveau
et d'un autre ordre. Et pourtant quelque chose de nouveau, quelque chose que le mécanisme ordinaire de la
nature n'oblige à se manifester nulle part ailleurs est
apparu : le phénomène psychique, ou la *conscience*. Il est
sûr, en effet, que la vie des plantes n'en montre jamais
trace ; peut-être même, s'il faut en croire Maudsley, les
contractions du tissu uniforme et unique des animaux
les plus imparfaits sont-elles entièrement mécaniques et
tout à fait inconscientes. Mais, d'autre part, les organismes
supérieurs sont visiblement doués de sensation, de volonté et de pensée. A quel moment précis a donc com-
mencé d'être la conscience ? Et puisque les faits organiques sont soumis à un déterminisme rigoureux, quelles
conditions mécaniques ont pu la produire et suffisent à
l'expliquer ?

A cette question les physiologistes répondent de deux
manières : le plus souvent ils se contentent d'indiquer
ceux des centres nerveux dont les actions sont automatiques et inconscientes et de montrer qu'au contraire l'intervention des centres supérieurs ne se fait jamais sans

conscience. Ainsi, chez l'homme, la moelle épinière ne produit, quand elle agit seule, que des réflexes; et si, comme il arrive fort souvent, dans le chatouillement du pied par exemple, l'excitation qui provoque le réflexe devient consciente, c'est qu'elle a dépassé la moelle et que, grâce aux cordons conducteurs médullaires, elle est parvenue jusqu'au cerveau; dans ce dernier centre seulement s'est produite la conscience; et ce qui le démontre, c'est qu'une lésion spinale, située entre le cerveau et la région de la moelle excitée par le chatouillement, n'empêche pas le mouvement du pied de se produire, et même il se produit avec plus de violence que dans l'état normal; mais elle supprime d'une manière absolue la sensation du chatouillement et du mouvement. Ce fait, confirmé par les expériences de Pflüger sur la moelle de grenouilles décapitées, prouve que la conscience est une fonction spéciale et exclusive de certains centres cérébraux. L'explication physiologique de la pensée serait bien simple alors, assez grossière aussi, il faut l'avouer; on n'aurait qu'à dire, après Cabanis, qu'elle est une fonction du cerveau, comme la sécrétion de la bile est une fonction du foie, ou la digestion une fonction de l'estomac.

Mais les physiologistes modernes ne sauraient s'en tenir là : outre que la solution laisse subsister le problème, des faits très importants la rendent inacceptable. Par exemple, s'il est certain que le cerveau chez l'homme est l'organe indispensable de la conscience, il est certain aussi que chez les animaux qui en sont dépourvus et qui n'ont, par exemple, comme les invertébrés, que quelques nœuds ganglionnaires, la conscience est une fonction de ces derniers, ce qui n'est jamais vrai chez l'homme : première présomption en faveur de ce principe, qu'un centre quelconque, pourvu qu'il soit dans un animal l'organe le plus élevé de la coordination des impressions, est chez cet animal le siège d'une conscience alors même que chez d'autres il en est dépourvu.

Mais ce fait est confirmé par un autre plus remarquable encore : à l'état normal, chez les oiseaux et les lapins, comme chez l'homme, seule l'activité cérébrale est capable d'établir la connexion des sensations et seule elle est accompagnée d'un état de conscience ; or, si l'on répète sur ces animaux la célèbre expérience de Flourens, en leur enlevant les lobes cérébraux, ils sont d'abord plongés dans un état d'engourdissement profond et privés de toute conscience ; leur activité devient purement réflexe. Mais si on les nourrit et si on parvient à les conserver pendant plusieurs semaines, on s'aperçoit bientôt que la conscience réapparaît en eux. Où donc a-t-elle son siège si ce n'est dans les ganglions cérébraux situés au-dessous de la section, et substitués peu à peu dans les fonctions des lobes amputés ? Et que conclure de tous ces faits, sinon que la conscience, loin d'être enchaînée à tel ou tel organe, paraît bien plutôt l'être à la coordination des impressions sensorielles et des réactions motrices, et résulter dès lors soit de la connexion du système nerveux tout entier, soit de l'organe central qui explique cette dernière et qui la réalise ?

En examinant d'un peu près cette conséquence, cela revient à dire que la conscience n'est point brutalement produite par la mise en activité d'un organe spécial, mais qu'elle est liée d'une manière générale à certains processus physiologiques, que nous allons essayer de déterminer.

S'il faut en croire M. Spencer et surtout M. Maudsley, rien ne nous prouve qu'une action réflexe très simple soit consciente ; il semble même que sa trop grande simplicité s'y oppose : quand le ganglion, en effet, impressionné par une excitation, détermine aussi vite une réaction motrice, il ne s'est produit, pour ainsi dire, à travers l'arc réflexe, qu'un courant continu parti de la périphérie pour y revenir, un mouvement facile, sans obstacles, dont la seule particularité est d'être renforcé par une décharge centrale. Mais la pile que l'on place sur le trajet d'un courant électrique pour en augmenter l'intensité n'enlève en aucune manière à ce dernier son caractère mécanique, et le ganglion nerveux, préparé par la nutrition, ne paraît jouer aucun autre rôle que la pile mise sur le trajet du circuit par la prévoyance de l'électricien. Pourquoi dès lors serait-il, plutôt que celle-ci, le siège d'une conscience? On n'en voit pas la raison.

Mais quand le système nerveux devient plus complexe, quand les centres se multiplient et envoient dans toutes les directions tout un réseau de fibres conductrices, la comparaison du courant nerveux au courant électrique cesse d'être exacte : il ne s'agit plus, en effet, de l'addition, de la juxtaposition d'une ou de plusieurs piles, mais d'une hiérarchie de centres qui se commandent les uns les autres, et dont les actions, au lieu de simplement s'additionner, ne peuvent manquer de devenir harmoniques, et d'engendrer des relations originales. Supposons, par exemple, au-dessus de deux ganglions A et B, centres des arcs réflexes aAb, cBd, un autre ganglion C qui les domine (fig. 2); supposons en outre que C est relié à A par deux filets, l'un centripète m, l'autre centrifuge n; de même les filets o centripète et p centrifuge unissent B à C.

Cela posé, examinons ce que devient une impression reçue en a. Autrefois, avant la liaison de A à C, une seule voie s'ouvrait devant elle; elle ne pouvait manquer de se réfléchir en b. Mais à présent que cette liaison existe, outre qu'elle peut toujours se réfléchir en b, elle peut aussi gagner le centre C par la fibre m puis revenir en b par n et par A : première complication qui ne change guère, à vrai dire, la nature du réflexe.

Mais en voici une autre qui saute aux yeux et qui est d'une importance capitale : ce qu'on a dit du système CAab, on le peut répéter du système CBcd ; or n'arrivera-t-il pas le plus souvent qu'en C se trouveront centralisées non seulement les impressions venues de a, mais encore celles qui ont leur origine en c? Et pourquoi

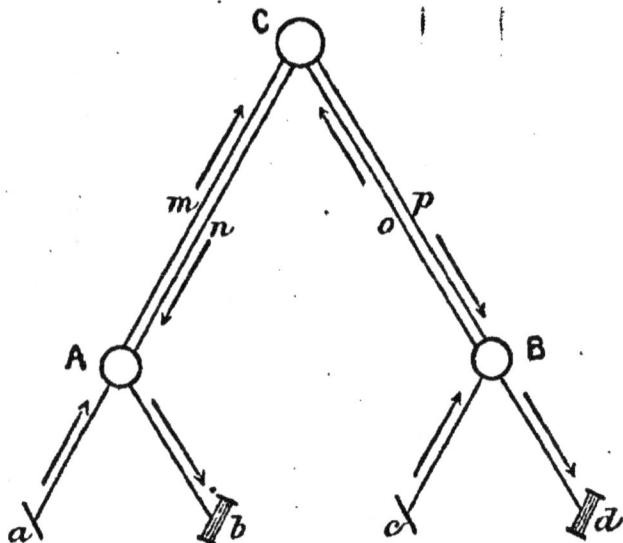

Fig. 2.

les premières reviendraient-elles directement en b plutôt qu'en d, ou les autres en d plutôt qu'en b? Pourquoi même parfois la décharge nerveuse du centre C ne se se distribuerait-elle pas simultanément et de mille manières variables, selon les excitations, par les chemins centrifuges CnAb et CpBd?

En dépit des apparences, nous voilà loin de l'arc primitif. Tandis qu'en ce dernier l'impression ne faisait que passer, pour provoquer aussitôt la réaction appropriée, comment à présent ne s'arrêterait-elle point en C? D'abord elle y rencontre, venues d'ailleurs, des impressions antagonistes. Et si elle n'est, physiquement, qu'un mouvement vibratoire, ce sont d'autres mouvements qu'elle trouve en face d'elle, différents d'elle et par la direction et par l'intensité. De là une opposition, une sorte de lutte, une rupture d'équilibre au sein du ganglion. Ce n'est pas tout : pendant toute la durée du conflit central, comment la réaction motrice pourrait-elle se produire? N'est-il pas nécessaire qu'elle soit retardée et suspendue jusqu'à la complète fusion des forces concourantes? Bien plus, la multiplicité des voies ouvertes au courant centrifuge n'est-elle donc pour rien dans l'indétermination primitive d'un tel problème de mécanique? Et quand des impressions nouvelles viennent agir sur un centre, sans qu'elles aient encore jamais tracé ni leur route d'arrivée ni la route de retour des réactions qu'elles vont déterminer, est-il possible que ces dernières s'accomplissent d'un seul trait, et comme sans effort?

Ainsi, à mesure que des centres de plus en plus élevés tiennent tous les autres sous leur dépendance, c'est en eux tout naturellement qu'on voit naître et grandir d'une part l'opposition et le conflit des impressions, de l'autre la lenteur et la difficulté des réactions. Or, au dire des physiologistes, il ne faut rien d'autre que ce conflit pour expliquer la *sensation*, rien que cette lenteur pour expliquer la *volonté*, c'est-à-dire, en définitive, toute la conscience. S'il faut toujours, en effet, pour sentir, des différences et des contrastes, comment ces derniers ne suffiraient-ils pas, quand un centre les coordonne, pour provoquer la *sensation*? De la même manière, quand il faut, pour produire une réaction motrice, multiplier les décharges centrales et ouvrir péniblement au courant centrifuge une voie que l'habitude lui rendrait si facile, se peut-il que l'effort nerveux par sa continuité dans la

durée et par la fin qu'il poursuit ne devienne pas une
véritable *volonté*? A qui en demanderait la preuve, il
suffirait de rappeler le fait suivant: quand une action
complexe, primitivement difficile, a été souvent répétée,
les courants nerveux qui ne trouvent plus, pour ainsi
dire, devant eux que des voies toutes frayées et large-
ment ouvertes, s'y engagent sans hésitation et deviennent peu à peu rapides comme des réflexes; en même
temps la conscience de l'effort s'affaiblit graduellement
et la volonté cède la place à l'habitude jusqu'à se fondre
et disparaître en elle. En d'autres termes, la volonté
c'est la réaction motrice en suspens ou, comme disent
les physiologistes, c'est l'*arrêt*. Et comme ils ont la preuve
de nos jours que le cerveau est un centre d'*arrêt*[1] très
puissant, en même temps qu'il coordonne un nombre
prodigieux d'impressions parties de tous les points, ils
n'hésitent pas à le définir l'organe de la *volonté* et de la
sensation, ou d'un seul mot, l'*organe de la conscience*.

Cela posé, il n'est pas difficile de se figurer quel est,
dans la doctrine des physiologistes, le rôle de la conscience. Elle n'en joue, à tout prendre, aucun, et on pourrait la comparer à un point lumineux, plus ou moins
continu, que tantôt produiraient et tantôt ne produiraient
point, selon la forme et la longueur de leurs ondes, les
vibrations de ce milieu subtil, qu'on appelle un centre
nerveux. Ces ondes et ces vibrations, soumises aux lois
d'un inflexible mécanisme, voilà la seule réalité. Le reste
n'est qu'apparence fugitive et vaine. Et de même que la
couleur perçue par notre œil n'ajoute rien à la réalité

---

1. Les physiologistes ont en effet reconnu que certains nerfs
comme le pneumo-gastrique, qui modère les mouvements du cœur,
ont un rôle « inhibiteu »; et, selon M. Setschénoff, la volonté ne
serait autre chose que l'inhibition, et elle aurait précisément dans
le cerveau les mêmes centres que l'inhibition ou l'arrêt.

du rayon lumineux, de même l'état de conscience qui jaillit des mouvements cérébraux ne peut rien être qui les constitue, qui les altère, ou qui les détourne de leur direction. Sans doute, avec nos sentiments, nos désirs, nos passions et nos volontés, nous nous imaginons avoir une part dans la production de certains phénomènes : nous mangeons, croyons-nous, parce que nous avons faim; nous faisons un voyage d'affaires ou de plaisir, parce que d'avance nous calculons les profits du premier ou prévoyons les agréments du second. Mais nous sommes les jouets d'une illusion : pas une de nos actions, en réalité, qui ne soit rigoureusement réglée par les lois de la mécanique nerveuse; pas la plus simple idée, pas la plus faible volition qui n'ait sa raison suffisante dans quelque mouvement cérébral; et quant à ce dernier, comment croire, puisqu'il est un mouvement, qu'il ne soit point la suite nécessaire des mouvements antérieurs, ou que ceux-ci n'aient point d'avance déterminé sa forme et le moment de son apparition? Rien n'influe donc sur un mécanisme qu'un autre mécanisme; en sorte que sur notre machine, dont la conscience n'est qu'un reflet ou qu'un retentissement, la conscience ne peut rien. A peine est-il permis de dire qu'elle soit un phénomène, puisqu'en effet ni sur l'organisme qui lui échappe, ni sur elle-même, toujours déterminée par le dehors, elle n'exerce aucune influence. Elle n'est bien plutôt qu'une face subjective, ou que l'envers du phénomène réel; elle en est l'élément « accessoire ou surajouté », si bien qu'elle n'est, de son vrai nom, inventé par Maudsley, qu'un *épiphénomène*.

Ainsi la conscience peut être le *témoin*, elle n'est jamais l'*agent* d'aucune de nos actions; et rien n'irait, dans l'organisme, autrement ni plus mal sans elle qu'avec elle. Quand on place sur la main, dit le professeur

Huxley, une grenouille privée de ses hémisphères céré-braux, elle accomplit des prodiges d'équilibre pour ne pas tomber, malgré les mouvements tournants qu'on imprime à la main dans tous les sens : or supposez, ajoute Huxley, que la grenouille soit philosophe ; elle pourrait faire le raisonnement suivant : « Je me sens mal à l'aise et en train de glisser ; je pose donc mes pattes en avant pour me garantir. Sachant que je vais tomber si je ne les pose pas plus loin encore, je les assure de nouveau ; et ma volonté amène tous ces beaux agisse-ments dont le résultat est de m'installer en sûreté. » N'est-il pas clair qu'en raisonnant ainsi, la grenouille serait dupe des illusions du *témoin*, qui se croirait l'*agent*, et qu'en réalité tout se passe de la même manière, avec ou sans la sensation, avec ou sans la volonté ?

La conscience, comme le dit Maudsley, n'est donc qu'un *luxe* : elle n'est qu'un jeu qui nous amuse, et qu'un moyen pour nous d'assister au spectacle du monde. Bien plus, nous nous donnons nous-même en spectacle à nous-même. Mais dans la pièce qui se déroule, et où se joue la comédie tragique de notre propre vie, nous n'avons pas de rôle ; à quoi bon même nos sifflets ou nos applaudissements, quand l'acteur ne saurait nous entendre, et quand il développe sans relâche l'impla-cable drame qui nous emporte et parfois nous torture ?

Ainsi, en résumé, il est bien vrai que la conscience existe ; mais elle n'est, tout bien compté, qu'un fait dépourvu de valeur ; fonction du mécanisme cérébral, elle a ses causes profondes dans les centres inférieurs, dans une multitude d'impressions infinitésimales que ceux-ci rassemblent et organisent, mais qu'elle ne con-naîtra jamais qu'en leurs synthèses les plus élevées ; en sorte qu'elle ignore les éléments dont elle est faite, et qu'elle est même, pour les étudier, un instrument tout à fait défectueux. Simple reflet, clair ou confus, des mouvements organiques, le fait psychique, comme on l'a dit, n'est que « l'ombre projetée accompagnant les pas du voyageur »; et même, entre tous les faits de la nature, il est, par une étrange destinée, le seul fait qui n'ait que des causes et qui n'ait pas d'effets : appelons-le donc, avec Maudsley, un épiphénomène; et nions qu'il ait vraiment une existence et qu'il puisse constituer, au-dessus de la vie physiologique, une vie psychique indépendante !

III

DISTINCTION DES FAITS PSYCHIQUES ET DES FAITS PHYSIOLOGIQUES,

Telles sont, brièvement résumées, les conclusions inévitables d'une école de physiologistes, qui fait de nous des « automates conscients », et qui ne peut plus voir dans la psychologie qu'une forme subjective et provisoire de la physiologie.

Nous allons prouver qu'elles sont fausses et que, pour les établir, on commet une double erreur. La première consiste à faire des phénomènes psychiques la fonction d'un organe, et à n'y voir dès lors qu'un fait physiologique, d'un caractère spécial, il est vrai, mais toujours, quoi qu'on fasse, essentiellement physiologique. Quand Maudsley définit l'esprit « la force, merveilleuse et insaisissable, qui a été dégagée par le cerveau et que l'on pourrait comparer à la force vive, résultant d'un fonctionnement musculaire [1] », ou quand il dit que « la cellule

---

1. *Physiologie de l'esprit*, trad. française, p. 73.

cérébrale représente la *pensée statique*, tandis que la pensée représente la *cellule dynamique*, ou plutôt la force particulière qu'elle peut dégager[1] », il n'y a pas à douter qu'à ses yeux la pensée est la fonction *physiologique*, on serait presque tenté de dire *physique*, des centres cérébraux.

L'autre erreur des physiologistes est, tout en reconnaissant au phénomène mental une sorte d'existence, celle d'une « ombre » et d'un « reflet », de lui refuser les attributs d'un phénomène véritable. Il n'y a pas de phénomène, en effet, dans toute l'étendue de la nature, qui ne soit pour sa part, en même temps qu'un résultat du passé, un élément constituant, une cause déterminante de l'avenir. Et pourtant Maudsley n'hésite point à écrire que la conscience n'est qu'un *témoin*, jamais un *agent*, et « qu'un homme ne serait pas une moins bonne machine intellectuelle *sans la conscience* qu'avec elle[2] ». Donc une repré-

---

1. *Loc. cit.*, p. 78.

2. Maudsley distingue, il est vrai, entre l'*esprit* et la *conscience*, et on altérerait gravement sa pensée si, dans ce passage, on croyait pouvoir substituer ces deux mots l'un à l'autre. Il appelle *esprit* tantôt la *totalité* des impressions, coordonnées et *organisées*, mais non toujours *conscientes*, qui sont reçues par le système nerveux, tantôt « la force dégagée par le cerveau » ou le cerveau à l'état *dynamique*, tantôt enfin la « machine intellectuelle » elle-même, c'est-à-dire le cerveau dans son activité *actuelle* ou *potentielle*, telle que l'ont constituée les habitudes de la race ou de l'individu. Dans ces conditions, la conscience, loin d'être l'esprit, n'est « qu'un phénomène concomitant de ses opérations » (P. 20). — Malgré tous les efforts que fait Maudsley pour rendre acceptable une différence si radicale entre l'esprit et la conscience, il nous est impossible d'y souscrire. Sans doute, il est vrai que tout le contenu de l'esprit, les souvenirs, par exemple, les désirs, les habitudes et tendances de toute sorte, ne sont point toujours actuellement conscientes ; il se peut même que les phénomènes dont toutes ces tendances représentent la possibilité, aient quelques-unes de leurs conditions, peut-être même toutes leurs conditions, dans le système nerveux ; mais il est certain aussi, d'une certitude absolue, que pas un phénomène ne saurait être rapporté à l'esprit qui ne soit actuellement, ou qui n'ait été, ou qui

sentation mentale, selon lui, si claire ou si confuse, si intense ou si faible qu'en soit la conscience, ne serait jamais qu'un zéro dans la série des faits, où tout compte pourtant et où tout se mesure !

Contre ces deux affirmations, nous nous proposons de soutenir : A, qu'il existe une différence d'*essence* et de *nature* entre le fait psychique et le fait physiologique ; B, que si l'existence du premier est souvent *déterminée* par le second, elle est aussi parfois *déterminante*.

A. *Différence tirée de la nature des faits psychiques.* — Avant d'indiquer en détail les preuves et les formes de cette première différence, nous ferons remarquer à quel point elle est capitale, et comment elle implique nécessairement la seconde.

Pour la science, en effet, préoccupée exclusivement des *phénomènes*, peut-il y avoir d'autres raisons de les distinguer que leurs différences véritables ? et inversement n'est-ce pas assez qu'ils soient distincts par leurs caractères les plus constants et les plus essentiels pour qu'on les sépare dans la science comme ils le sont dans la réalité ? Il peut paraître puéril de rappeler une chose si simple ; mais la précaution n'est pourtant pas inutile, et ce n'est point perdre son temps que de la prendre. On risque, sans elle, de tout confondre, sous prétexte que tout se tient ; et on arrive, en méconnaissant les distinctions des faits, à nier, au profit des uns, l'existence

ne doive être un jour un *état de conscience* : pas d'esprit, pas de « machine » qu'on puisse appeler « intellectuelle », sans la conscience ! Dès lors il serait étrange qu'un attribut si constant du phénomène mental n'en fût point en même temps l'attribut essentiel ; et il ne le serait pas moins que « l'intensité » de la conscience, ce « concomitant » sans valeur du phénomène réel, eût, au dire de Maudsley lui-même (p. 27), une si grande influence sur l'intensité de la trace laissée par ce dernier dans le cerveau ou dans l'esprit ! Nous croyons donc que notre objection porte contre Maudsley, comme la suite de ce chapitre le montrera mieux encore.

des autres, ou, ce qui est tout un, leur efficacité comme
causes et leur indépendance. Ainsi ont fait, à l'égard des
phénomènes psychiques, un très grand nombre de physiologistes. La nature n'offre pourtant jamais un autre
exemple de phénomènes plus profondément et plus
essentiellement différents qu'un fait *psychique* et qu'un fait
physiologique.

1° Nous avons suffisamment montré plus haut, pour
n'avoir point à y revenir, le caractère mécanique du
dernier : un phénomène physiologique, qu'il soit musculaire ou qu'il soit nerveux, n'est jamais qu'un mouvement, mouvement visible de translation, ou mouvement
vibratoire et ondulatoire de molécules, livrées à un
rythme constant et réglé de composition et de décomposition chimiques. Le phénomène physiologique n'est,
en un mot, qu'une forme spéciale de l'*énergie* universelle
comme la chaleur, ou l'électricité, ou la lumière, etc. Et
la seule chose digne de remarque, c'est qu'un organisme
reste toujours un centre à la fois très un et très complexe, où l'acquisition balance constamment la dépense
et où l'énergie se renouvelle sans cesse et se conserve.

Au contraire le fait psychique n'est jamais un mouvement ; et à moins de déclarer qu'il n'est rien, il faut
reconnaître non seulement qu'il s'ajoute à certains faits
physiologiques, mais que, n'étant point mécanique, il
s'en distingue et qu'il a une existence propre. Quand
Maudsley le définit « la force merveilleuse et insaisissable
qui a été dégagée par le cerveau », ou bien il est dupe
d'une métaphore incorrecte et fausse, ou bien il confond
deux phénomènes qu'il s'agissait précisément de distinguer, et fait une pétition de principe. Qu'est-ce, en effet,
qu'une « force dégagée », sinon le passage à l'acte d'une
force en puissance, sinon l'emploi sous une forme *vive*
d'une énergie *latente* ?

Par exemple le cerveau, à l'état *statique*, comme dit encore Maudsley, est une source d'énergie qui par hypothèse et pour un instant, ne se dépense pas ; mais l'instant d'après, quand le cerveau agit et qu'il passe à l'état *dynamique*, que devient l'énergie *potentielle* en devenant *actuelle*, sinon une somme infiniment riche de mouvements moléculaires ? Et ces mouvements ne sont-ils point précisément ce qu'il faut appeler la *fonction* du cerveau ? Ne sont-ils point le vrai phénomène physiologique et, pour mieux dire, le seul ?

Accordons, pour un instant, que la représentation mentale correspondante n'en soit que le reflet, l'accident surajouté et superflu : encore est-elle autre chose ! encore n'est-elle point, à parler rigoureusement, cette fonction, cette « force dégagée » et, d'un mot qui résume tout le reste, ce mouvement ! La douleur d'une coupure n'est ni le déchirement des chairs, ni l'agitation cérébrale qui en résulte ; la conception d'une idée n'est point la vibration des centres d' « idéation[1] »; en un mot, la fonction mécanique du système nerveux est une chose ; la représentation mentale, qu'elle a beau conditionner et provoquer, en est une autre.

2° D'ailleurs le fait physiologique présente un second caractère, dérivé du premier, qui le distingue profondément du fait psychologique.

Loin d'être le fond et comme l'essence du phénomène mental, on ne peut pas même concevoir qu'il puisse être conscient. Un mouvement, en effet, est, par sa nature même, continu et successif, de telle sorte que, à un instant quelconque de sa durée totale, il n'existe plus rien du mouvement passé et rien encore du mouvement à venir. Resterait donc seulement le mouvement

1. Les physiologistes appellent ainsi les parties de l'écorce cérébrale où ils « localisent » la fonction qui produit les *idées.*

présent; mais comme on peut toujours, au sujet de ce
dernier, répéter le même raisonnement, l'analyse le fait
évanouir en une infinité de mouvements successifs,
pendant chacun desquels il n'existe pour ainsi dire
même plus comme mouvement; en tout cas il ne saurait
être, en chacun de ses moments, qu'un fragment infiniment petit du mouvement total, et on n'aperçoit en lui
rien qui lui permette de saisir aucun des fragments qui
l'ont précédé, ou aucun de ceux qu'il va déterminer à
sa suite et qui vont le prolonger. En un mot, le mouvement, considéré en soi, apparaît comme une multiplicité
pure, incapable par elle-même d'effectuer sa propre
synthèse, et Aristote pouvait dire qu'il n'est un *tout* ni
quand il commence, ni quand il se continue, mais seulement quand il s'achève; encore est-il évident qu'un
mouvement qui s'achève n'est *total* que dans son résultat, mais qu'en soi il a disparu et qu'il n'est plus[1].

Or une *représentation mentale*, un plaisir nettement
senti, par exemple, a en soi une continuité d'existence
telle qu'il a en commençant ses caractères psychiques
essentiels, et qu'il les conservera pendant toute sa durée.
Il est, dès le début, un *tout* pendant que le mouvement
est un *devenir*. Enfin tous ses moments sont pour ainsi
dire groupés en un seul : le présent de ma jouissance
ne succède pas seulement à son passé; il le résume et,
pour ainsi dire, le ramasse en soi. La jouissance ne peut
pas être instantanée; il faut, pour qu'elle soit, qu'elle
s'étende sur une durée dont la représentation saisit, d'une

---

1. Aristote, *Éthique à Nicomaque*, X, 3 : « Tout mouvement s'accomplit dans un temps donné et a une fin déterminée : tel est, par
exemple, le mouvement employé à construire une maison : il est
complet lorsque ce qu'on voulait faire a été exécuté, c'est-à-dire dans
le temps tout entier ou dans le moment où il s'achève; mais les
mouvements qui se font dans la durée totale sont tous imparfaits et
diffèrent en espèce, soit du tout, soit les uns des autres, etc... »

seule vue, tous les instants. Or réunir d'*une seule vue* le
présent au passé, telle est la mémoire; et telle est aussi,
selon nous, la condition première de la conscience, dont
l'essence même est d'être une *synthèse*.

Tous les efforts des physiologistes ne feront jamais
que le mouvement devienne capable de *synthèse*. Et ils
ont bien compris pourtant que, pour engendrer la conscience, il fallait qu'il eût ce pouvoir. Voilà pourquoi, en
accumulant dans les centres nerveux des impressions
ou des mouvements multiples, ils espéraient que du
choc et de la coordination mécanique de ces impressions
allait jaillir la conscience; mais ils oubliaient que des
chocs successifs, si rapide qu'en soit la succession, ne
sauront jamais rien de la durée qui les sépare et que
chacun en soi est isolé comme s'il n'en existait point
d'autre : qui donc les saisira tous ensemble, qui mesu-
rera leurs intervalles, sinon la conscience? Jamais le
cerveau n'*intégrera*, comme on l'a soutenu, la somme
des impressions qui lui parviennent; c'est assez qu'il
les rassemble et qu'il les localise; mais l'*intégrale* qui
les fond toutes ensemble et qui met entre elles une unité
réelle, c'est la synthèse, et c'est le seul être qui soit capable d'effectuer des synthèses véritables, ou l'*esprit*.

3° Ainsi il n'est pas vrai, il est même inintelligible que
le mouvement suffise à créer la conscience; il est *mul-
tiple*, pendant que la représentation mentale est *une*, il
est une *matière* pendant qu'elle est une *forme*; il est un
devenir dont elle est la *synthèse*.

Mais il s'ensuit dès lors que cette *synthèse* ou cette
forme, supérieure à ce *devenir* ou à cette *matière*, a une
originalité propre, une existence que l'antécédent physiologique peut provoquer et même modifier de diverses
manières, mais dont il ne saurait déterminer le caractère
spécifique et formel.

Wundt paraît le croire comme nous, et nous lui empruntons la preuve de fait suivante, tirée de ce qu'il appelle la *fonction vicariante*. Lorsqu'une région sensorielle du cerveau a été atteinte par une dégénérescence morbide ou par une lésion, au premier moment l'individu est privé des sensations qui s'y trouvaient d'ordinaire localisées; mais la pensée est si peu exclusivement attachée à cette région déterminée, que peu à peu d'autres régions se substituent à celle-ci pour la produire. N'en faut-il pas conclure non seulement, comme nous l'avons fait plus haut, que la sensation est liée à certains processus physiologiques plutôt qu'à des régions définies de l'organe cérébral, mais encore qu'elle tire sa *forme* d'ailleurs que des centres nerveux et d'une autre cause que des travaux moléculaires qui s'y trouvent localisés?

4° Quoi qu'il en soit, si le phénomène physiologique est toujours un mouvement et si le fait psychique n'en est jamais un, on voit tout de suite quels caractères doit avoir le premier, que ne saurait posséder le second.

Un mouvement est défini par sa vitesse, c'est-à-dire par l'espace qu'il parcourt dans l'unité de temps, et par sa direction; donc il est, pour emprunter un terme à la langue mathématique, fonction de la durée et de l'étendue; donc il est *dans l'espace*, il y est localisé quelque part, et comme toutes les grandeurs, il est *susceptible de mesure*. Aussi localise-t-on les faits physiologiques dans les organes dont ils sont les fonctions, la digestion dans l'estomac, la production du sucre dans le foie, la respiration dans les poumons ou, avec plus de précision, partout où l'oxygène de l'air est mis en présence du sang. De plus, on *mesure* le battement du pouls, l'intensité des sécrétions, la rapidité des conductions nerveuses, etc.

Au contraire, *on ne mesure jamais* un fait psychique, sinon dans sa durée et encore par des moyens indirects qui ne présentent aucune certitude. Son intensité relative frappe parfois la conscience : un plaisir est plus grand qu'un autre, une douleur plus profonde qu'une autre douleur; mais ces phénomènes, n'étant point des mouvements, ne sont jamais non plus des grandeurs véritables et échappent toujours, en fin de compte, à toute mesure précise et digne de ce nom. Pour la même raison, un fait psychique, qui n'est rien d'étendu, *ne se localise nulle part*; le fait même de placer la sensation de la piqûre au bout du doigt piqué, alors que la science nous montre son antécédent immédiat dans quelque région de l'écorce cérébrale, suffirait à prouver que la sensation n'est en réalité *nulle part*, n'étant rien d'étendu; et ce que nous localisons, après une longue éducation de notre perception, ce n'est point, en soi, le phénomène mental, mais c'est la cause qui le provoque et que notre attention retrouve et fixe en un point de l'espace.

5° Une dernière différence qu'expliquent toutes les autres et qui les enveloppe, c'est que le fait physiologique, à la fois mouvement et grandeur, est connu du dehors et *par les sens*, comme visible, ou audible, ou tangible, etc. On saisit par le *tact* les pulsations du cœur; on en *entend* les bruits ; on en *voit*, le plus souvent d'une manière indirecte, parfois directement, les mouvements rythmiques.

Loin de là, le phénomène mental, qui n'est rien de mobile ni d'étendu, échappe à nos organes sensoriels, et n'est saisissable que du dedans ou, comme on dit, par la *conscience* et par l'*introspection* [1]. Sa nature même le veut ainsi : rappelons-nous qu'il est une synthèse, c'est-à-dire l'unité qui saisit à la fois des termes successifs, qui compare et qui relie des termes qui s'opposent.

1. Le mot « introspection », d'origine anglaise, désigne l'observation tout intérieure et immédiate des faits conscients par l'individu même en qui ils se produisent. — Voy. le chapitre suivant.

Mais si réaliser cette synthèse, c'est se souvenir, n'est-il pas évident qu'elle est tout à la fois un phénomène et une connaissance, ou, plus rigoureusement encore, un phénomène qui se connaît soi-même, par cela seul qu'il est, et qui est *conscient*? Inversement la même raison qui lie d'une manière invincible à son existence un caractère conscient, l'oblige à n'être jamais *conscient* que *là où il existe*, c'est-à-dire chez l'individu en qui il se produit. Impossible dès lors qu'il soit saisi comme tel en dehors de soi-même, qu'il soit objet de connaissance pour ce qui n'est pas lui, ou qu'il sorte jamais de l'esprit, cette unité vivante et synthétique qui l'a créé.

Voilà pourquoi nous définissions plus haut [1] le phénomène psychique « un fait mental, intérieur, saisissable par la seule conscience de l'être en qui il se produit », et pourquoi nous voyions en ce seul caractère celui qui le distingue le mieux de tous les autres faits.

B. — *Différence tirée de l'action déterminante des faits psychiques.* — Ainsi à ne faire que comparer entre eux les faits physiologiques et psychologiques, des différences de nature si radicales et si profondes les séparent qu'un esprit non prévenu n'est guère tenté de les confondre. Aussi bien tout le monde est-il à peu près d'accord, de nos jours, qu'on doit les mettre à part, et que la représentation consciente, fût-elle en soi sans valeur, n'est pourtant pas pour cela le mouvement qui la produit.

Mais où les divergences commencent, c'est quand le psychologue réclame pour le fait psychique une efficacité que lui dénie le physiologiste. Pour notre part, on vient de voir quelle importance nous attachons aux différences spécifiques des phénomènes conscients; cependant, nous n'hésitons pas à l'avouer, s'il était prouvé que toujours

1. Voy. ch. I, § 2.

le fait physiologique conditionne et détermine le phénomène mental sans que la réciproque fût jamais vraie, il
faudrait conclure, en dépit de toutes les différences
spécifiques, à la dépendance absolue du fait mental et
de la science qui l'étudie.

Mais nous pensons qu'il n'en est rien et que le fait
psychique, parfois conditionné par le fait physiologique,
en est souvent aussi l'indispensable condition.

6° Que la conscience soit *toujours* liée à des processus
physiologiques, et que dans *beaucoup de cas* l'apparition
du phénomène mental soit tenu sous leur dépendance,
nous le reconnaissons comme une vérité scientifique.

Nous reconnaissons en outre que la conscience, quand
elle existe, a toujours, dans l'arc nerveux, son siège dans
un centre ganglionnaire ou cérébral, si bien qu'elle se
trouve placée au terme des conducteurs qui apportent
les impressions et à l'origine de ceux qui remportent les
réactions.

On pourrait donc soutenir que le phénomène mental,
parallèle au travail moléculaire des cellules nerveuses,
est provoqué, comme *sensation*, par l'arrivée des impressions, et provoque à son tour, comme *volonté*, les courants centrifuges des fibres motrices.

Reste à savoir s'il n'est pas dans l'un et l'autre cas
l'aspect « subjectif et accessoire » de faits tout mécaniques qui laissent en lui leurs traces, mais se déroulent
sans lui, ou s'il n'a point, par son existence même, par
sa forme et ses degrés, une influence propre sur la
série des faits futurs, et la puissance d'en modifier le
cours.

La façon même dont se pose le problème nous induit
à penser que la conscience, considérée comme sensation
ou comme *sensibilité*, dépend étroitement, quoiqu'elle en
soit distincte, des impressions apportées au centre de

tous les points de la périphérie. Les couleurs, les sons, les odeurs, pénètrent en nous sans que nous ayons sur eux une influence directe ; et, d'une manière générale, il est absolument vrai que le monde extérieur entre en nous par la voie des fibres centripètes et qu'il intervient constamment en notre monde intérieur pour modifier le cours de ses événements. En ce sens, nous recevons nos états du dehors, nous les recevons en tout cas des états et des lois physiologiques de notre organisme.

Mais là s'arrête l'influence du fait physiologique sur le fait de conscience. De même qu'il est impuissant à lui donner sa forme, de même il ne saurait empêcher de se produire les conséquences toutes *formelles* et *mentales* du phénomène psychique. Et nier ces dernières, au profit du déroulement entièrement *mécanique* de notre activité, c'est nier l'évidence même. Autant vaudrait soutenir l'indifférence absolue du caractère agréable ou douloureux d'une impression relativement aux réactions futures !

La thèse du physiologiste conséquent avec ses principes n'est pas douteuse : il ne peut pas admettre un seul instant, des impressions étant données dans un organisme également donné, l'indétermination de la résultante motrice qui suivra. Quel que soit donc l'état de conscience provoqué dans l'intervalle, la résultante est d'avance mécaniquement, mathématiquement déterminée.

Or cela n'est-il point manifestement faux ? N'est-il pas vrai, au contraire, que le mathématicien assez pénétrant pour rassembler toutes les données de ce subtil problème devrait tenir compte aussi d'un élément capital : la douleur ou le plaisir qui naît de l'impression ? Et n'est-il pas certain que c'est cet élément, en somme, avant tous les autres, qui détermine le mouvement de l'organisme pour fuir la cause de la douleur, ou pour se rapprocher de l'objet agréable?

Nous objectera-t-on que la douleur et le plaisir sont, dans la série, déterminés comme le reste, et que la sensation douloureuse ou la jouissance étaient impliquées d'avance dans l'impression, au même titre que le mouvement final d'aspiration ou de fuite? Mais, répondrons-nous, si tout se tient dans le monde des phénomènes, encore est-il vraisemblable que la douleur, déterminée par l'impression, entre à son tour, en tant que *douloureuse*, comme un facteur tout à fait essentiel dans la détermination de la fuite à venir! Comment soutenir autrement, dans la lutte pour l'existence, l'action prédominante de l'intérêt, c'est-à-dire, en dernière analyse, du plaisir et de la douleur? Comment nier que l'instinct, quand il se forme ou se transforme, ou simplement quand il s'exerce, soit soumis d'une manière invincible à la loi du plaisir? Et dès lors le plaisir et la douleur, sous mille formes diverses, ou, d'un seul mot, le *sentiment* et la *conscience* ne sont-ils point les facteurs nécessaires de l'évolution des instincts, et, dans la mesure où elle existe, de l'évolution des organismes eux-mêmes?

Il ne nous paraît donc pas possible de nier sérieusement l'influence réelle sur nos déterminations des phénomènes affectifs en tant que tels et en tant que conscients. Prétendre que la douleur des coups de bâton n'est pour rien dans l'effroi et dans la fuite du chien ou que l'amour de la mère pour ses petits n'est pas la vraie raison qui lui fait braver les plus grands dangers, est une simple absurdité.

7° Mais l'objection n'est même plus concevable quand il s'agit des faits proprement intellectuels et des idées. Il n'y a pas de doute que l'idée exerce sur l'activité une influence directe et capitale; et quand un long débat

avec moi-même, une réflexion longtemps soutenue
m'amène à prendre une décision, ou quand un calcul
mathématique, qui a demandé plusieurs mois, apprend
à l'astronome quelle direction précise il doit donner à
sa lunette et dès lors quels mouvements il doit impri-
mer à ses muscles pour y réussir, il est clair que l'idée est
ici maîtresse de la volonté et de la mécanique nerveuse.

Même il n'est plus, selon nous, possible, sans recourir
aux métaphores les moins scientifiques, de ne voir dans
l'idée qu'un « reflet », et dans le travail mental que le
« retentissement » du travail cérébral.

Qu'est-ce en effet qu'un raisonnement, sinon l'enchaî-
nement d'un certain nombre d'idées fondé sur leur
identité ou sur leur ressemblance? Quand je dis que
Socrate est *mortel* parce qu'il est *homme*, n'est-ce pas
que j'ai saisi l'identité, sous un rapport constant, d'une
part les termes *homme* et *mortel*, d'autre part des termes
Socrate et *homme*? Même l'esprit n'est pas seulement la
puissance de comparer entre eux les termes donnés, mais
d'évoquer, à propos d'un seul, un autre ou plusieurs
autres termes, par la raison qu'ils ont entre eux l'affinité
mentale de la ressemblance. Et ainsi nous ne lions pas
seulement des termes contigus, rapprochés par hasard,
et par hasard aussi peut-être ressemblants; la marque
de l'esprit est au contraire que le semblable y appelle, y
évoque le semblable, et que l'identité, créée ou devinée
entre eux par la pensée, est la raison première de leur
contiguïté et de leur rapprochement.

Voilà ce que, à notre sens, le mécanisme physiologique
n'expliquera jamais. En vain chercherait-il à prouver que
la liaison des idées dans le raisonnement suit et reflète
l'association fonctionnelle des cellules cérébrales, dont
chacune était peut-être le siège de chaque idée : ce serait
revenir à la contiguïté par un détour. Mais, encore une

fois, c'est la ressemblance qui détermine la contiguïté mentale des idées dans le raisonnement, loin que la contiguïté mentale suffise à l'expliquer. Donc s'il est vrai qu'ici, comme partout, s'accompagnent toujours le travail cérébral et le travail mental, encore l'est-il aussi que le second tient le premier sous sa dépendance, et que l'idée détermine la réaction centrale et centrifuge, aussi sûrement que l'impression détermine la sensation.

Ainsi c'est par leur caractère mental, affectif ou intellectuel, c'est par leur *forme* que nos représentations, en agissant les unes sur les autres, réagissent aussi sur le monde extérieur. Donc elles ont leurs lois propres ; et ce ne serait pas assez, pour les connaître, que de suivre l'ordre de succession que leur imposent parfois les lois physiologiques ; il faut encore et surtout étudier les lois qui président à leur action mutuelle, lois vraiment *psychologiques*, que la physiologie pure et ses méthodes ne découvriront jamais.

8° L'influence de la conscience sur la réaction motrice est d'ailleurs si certaine qu'on a pu se demander si, loin d'être le résultat de l'action réflexe plus ou moins compliquée, elle ne serait point, au contraire, à l'origine de toute action réflexe, comme la vraie raison qui l'explique.

Il est en effet très remarquable que toute action primitivement volontaire, lente et difficile, acquiert peu à peu la rapidité et la facilité d'un réflexe, et devient inconsciente : tels les mouvements du pianiste, du patineur, du cavalier, etc. L'expérience met donc à chaque instant sous nos yeux le passage du volontaire au réflexe et démontre que la conscience a primitivement réglé l'association des mouvements qui s'organise peu à peu dans le système nerveux et devient presque mécanique.

Qui nous prouve dès lors que tels n'aient point été, à

l'origine, tous les réflexes? Qui nous empêche de croire qu'ils aient été d'abord conscients et comme volontaires, puis habituels, et enfin instinctifs?

M. Spencer appelle l'instinct un réflexe composé; n'est-il pas plus probable, comme le croit Romanes, qu'une action instinctive a primitivement eu sa raison dans un état conscient, qu'elle est toujours, en tout cas, consciente à quelque degré, et qu'un réflexe n'est qu'un instinct tellement enraciné dans l'être et tellement ancien, qu'il est retombé au rang d'un pur mécanisme?

Quoi qu'il en soit, quand l'évolutionnisme voit dans l'instinct une habitude héréditaire, il ne peut pas être bien éloigné d'assigner à cette habitude, aussi bien qu'à toutes les autres, son origine dans une volonté primitive, si obscure qu'en ait été la conscience.

Ainsi tandis que les physiologistes sont toujours disposés à faire de la conscience la résultante des faits physiologiques, il est peut-être plus probable qu'elle en est l'origine, la condition première, et que tout l'organisme, en somme, n'est qu'un ensemble de moyens disposés par elle et pour elle.

9° Enfin, ce que la physiologie n'empêche point de comprendre, la *pathologie* le prouve.

Le phénomène mental exerce une si grande influence sur l'organisation des habitudes et des réflexes, qu'au moment où une dégénérescence morbide atteint certains centres cérébraux et atteint du même coup les fonctions mentales qui y étaient liées, ce sont des motifs d'ordre purement psychologique qui président à la disparition progressive de ces dernières.

Par exemple, dans l'aphasie amnésique, ce qui disparaît tout d'abord, dit Wundt, c'est « la provision des noms propres ; ensuite les substantifs, employés plus fréquemment, se perdent ; mais de la façon la plus

ferme adhèrent les parties plus abstraites du discours,
et les interjections qui servent à exprimer certains mouvements de l'âme [1]. » Ainsi, dans cette étrange maladie,
les pertes se succèdent dans un ordre précisément
inverse de celui des acquisitions ; et les raisons toutes
logiques et psychologiques qui donnent au langage sa
base essentielle dans les mots les plus généraux, comme
les adjectifs, les pronoms ou les interjections, font aussi
qu'ils sont les derniers qui puissent disparaître. Quant à
l'hypothèse que les représentations des mots se seraient
déposées par couches dans le cerveau et d'après des
catégories grammaticales, elle nous reporterait en arrière
jusqu'à l'ancienne phrénologie, et n'est plus aujourd'hui
soutenue par personne.

Ainsi le fait psychique n'est pas seulement *par sa
nature* indépendant du fait physiologique ; il l'est encore
par l'*action continuelle* qu'il exerce sur lui. Sans doute,
comme tous les faits de la nature, il est parfois l'effet
des conditions qui le précèdent, mais il est d'autres fois
aussi, et dès qu'il est réalisé, la condition déterminante
et la cause des faits organiques qui le suivent. Il n'est
donc point un *épiphénomène*, mais, dans le sens le plus
énergique du mot, un *phénomène* véritable. Aussi bien
existe-t-il au monde un seul fait qui ne soit qu'un *épiphénomène* ? et se pourrait-il, en tout cas, s'il en existait
un, que ce fût cette *synthèse* ou cette *forme*, supérieure
au *mouvement* qui ne peut l'expliquer, et qui sans doute
ne trouverait jamais sans elle où il puisse se saisir lui-
même et se représenter ?

1. *Psych. physiol.*, I, p. 238.

Bibliographie.

-- Herbert Spencer, *Principes de psychologie*, partie I, ch. I à V inclusivement; partie IV, ch. IV.
— Wundt, Sergi et Maudsley, *Ouvrages cités*.
— Luys, *le Cerveau et la Pensée*.
— Ch. Bastian, *le Cerveau et ses fonctions*.
— Lange, *op. cit.*, t. II, part. III, ch. II et IV.
— Romanes, *op. cit.*
— J. Lachelier, *article cité*.
— Fouillée, *l'Homme automate*, — *l'Instinct et l'action réflexe*, — deux articles de la *Revue des Deux Mondes* (1er août et 15 octobre 1886).
— Fouillée, *l'Évolutionnisme des idées-forces*, trois articles de la *Revue philosophique*, en février, mars et avril 1890.

CHAPITRE III

LA MÉTHODE EN PSYCHOLOGIE

S'il suffisait, pour établir la possibilité de la psychologie comme science, de démontrer l'existence originale
et indépendante des faits psychiques, la question serait
dès à présent résolue. Mais il reste à savoir si nous avons
en notre possession, pour les étudier et les connaître, un
procédé de recherche, une *méthode* vraiment scientifique.
Sans doute, il est, à première vue, extrêmement probable
qu'on peut trouver la méthode, puisque les faits existent;
et il serait étrange que nous n'eussions aucun moyen de
pénétrer les conditions et les lois de ces faits quand
nous réussissons à découvrir celles de tous les autres.

Cependant il se peut que tous les faits de la nature ne
se présentent point de la même manière à notre connaissance; et il se peut aussi que tous les modes de notre
connaissance ne soient point également scientifiques,
ou même que quelques-uns d'entre eux ne le soient à
aucun degré. Quand je sens les températures successives
d'un objet qui s'échauffe, je les *sais* en ce sens que je
les constate et que je les *perçois*, mais je ne les *sais* pas
dans le sens du physicien ou du savant qui rattache à sa
cause l'élévation de la température, ou qui, scientifiquement encore, décompose en ses éléments simples le
phénomène complexe de la chaleur et le recompose
ensuite par une intégration. « *Vere scire*, disaient les

scolastiques, *est per causas scire* » : savoir scientifiquement, disons-nous à notre tour, c'est savoir, par l'analyse, les *conditions* et les *causes*; et la perception, qui constate les faits sans en saisir les *éléments*, est sans doute indispensable à la science; mais elle n'est pas la science et ne saurait à elle seule ni la constituer ni l'édifier.

Or on a pu se demander, on va voir pour quelles raisons sérieuses, si la psychologie ne serait point condamnée, par la nature même de son objet, à la simple *perception* du phénomène psychique, sans trouver jamais ailleurs que dans des méthodes étrangères et par exemple dans les méthodes physiologiques, le moyen d'en faire l'*analyse* et d'en acquérir la *connaissance scientifique*. Nous croyons pour notre part qu'on a exagéré les défauts de la méthode strictement psychologique, et, sans vouloir un seul instant nous priver des avantages de la *psycho-physiologie*, nous pensons que la psychologie a *sa méthode propre*, comme elle a *son objet distinct*, et que les procédés divers auxquels elle a recours sont tous, en définitive, subordonnés à l'observation des faits conscients par la conscience, ou à ce que les Anglais ont si bien appelé l'*introspection*.

I

L'INTROSPECTION, PROCÉDÉ DE SIMPLE OBSERVATION. — SES DÉFAUTS APPARENTS. — PSYCHOLOGIE DESCRIPTIVE.

Quelles que soient les critiques qu'on ait pu diriger contre elle, l'*observation des faits conscients par la conscience* est l'unique moyen que nous ayons à notre disposition de les connaître et de les pénétrer en eux-mêmes. Et puisqu'il est dans la nature du fait psychique de

n'être saisissable que par l'être en qui il se produit, c'est
dire en d'autres termes qu'il est *conscient* et n'est con-
naissable que comme tel. L'observation individuelle et
intime, ou, d'un seul mot, l'*introspection*, est aussi essentielle pour la connaissance du fait psychique que l'est
pour celle de la lumière la vue, ou pour celle du son
l'ouïe. Et de même qu'il n'existe aucun moyen détourné
de remplacer chez l'aveugle ou le sourd l'intuition des
couleurs ou des sons, de même il n'en est aucun qui
puisse suppléer à l'intuition consciente des phénomènes
psychiques. La conscience est ainsi, comme on l'appelle
souvent, une sorte de *sens intime*, au même titre que la
vue, l'ouïe et le tact sont des *sens externes*; et il est remarquable qu'elle est pour nous le sens primordial,
celui qui domine et enveloppe en quelque sorte tous les
autres, puisque les sensations visuelles, ou auditives, ou
tactiles ne seraient rien si elles n'étaient point des *sensations* ou, ce qui est tout un, des *états de conscience*.

Ainsi rien ne serait pour notre connaissance, rien par
conséquent ne serait pour nous, si la traduction ne nous
en était point donnée, pour ainsi dire, en un état de
conscience. Loin donc qu'on puisse remplacer l'observation intime par un autre procédé, quand il s'agit des
phénomènes qui se produisent en nous, il se trouve
qu'elle est, même quand il s'agit des phénomènes externes,
la condition de toute connaissance et de toute intuition.

D'ailleurs. tous les psychologues, à quelque opinion
qu'ils se rangent sur l'indépendance de la psychologie,
reconnaissent de nos jours dans la forme consciente du
phénomène psychique son caractère original et essentiel;
alors même qu'ils soutiennent, avec MM. Bain et Herbert
Spencer, le parallélisme absolu des états physiologiques
et des états psychiques, tellement que la plus faible des
sensations ou des idées a son corrélatif dans quelque

agitation nerveuse centrale, ou, avec M. Maudsley, la
prédominance de l'état physiologique, qui est la cause,
sur l'état psychique, qui n'est qu'un effet fugitif et comme
superflu, tous sont d'accord pour affirmer que la sensation, le plaisir, la douleur, le sentiment, l'idée, la décision volontaire nous échapperaient comme tels, si notre
conscience individuelle ne nous les faisait saisir au dedans de nous-mêmes et ne nous les offrait, pour ainsi
dire, dans leur vive et intime réalité. Comme on l'a souvent répété, jamais le scalpel du physiologiste ni le
microscope de l'histologiste ne découvriront à nos yeux
la sensation, fût-elle le produit du mouvement cérébral.
Nous ne la saisissons jamais qu'en nous; puis, par une
sorte de projection hors de nous ou, comme dit Clifford,
d'*éjet*[1], nous transportons dans la conscience de l'homme
qui gémit ou de l'animal qui hurle de douleur, la souffrance que nous n'avons jamais pénétrée qu'en nous-
même. Mais pour que cette projection soit possible,
n'est-il pas évident qu'elle doit partir de l'introspection?
Pouvons-nous transporter à autrui ce que nous n'avons
point observé en nous? et avant d'être sûrs qu'au terme
des processus nerveux se trouve la vision ou l'audition,
la jouissance ou la souffrance, ne faut-il point que nous
sachions, par une intuition préalable de notre sens
intime, ce que c'est que vision ou audition, jouissance
ou souffrance? Même, à vrai dire, nous ne sommes sûrs
que de nos intuitions; tout le reste n'est qu'analogie ou
raisonnement inductif, et ne vaut, après tout, que ce
qu'elles valent. Aussi, pendant que les sceptiques anciens
doutaient de tous les principes, de tous les raisonnements et de tous les systèmes, reconnaissaient-ils une

---

1. Le mot *éjet* (en anglais *eject*, de *ejicere*) a été imaginé par Clifford pour désigner l'opération par laquelle nous projetons sur un
autre esprit ce qui se passe en nous-même.

seule réalité et une seule certitude, celle du phénomène, en lequel nous apparaissent les choses (τό φαινόμενον), celle de la représentation ou, ce qui est tout un, de l'intuition consciente.

Pourtant, chose curieuse, si l'on a élevé contre l'observation intime des objections qui peuvent paraître capitales, il se trouve précisément qu'on les tire du caractère même qui lui confère une si haute et si incomparable valeur. Et ce qui fait sa faiblesse aux yeux des uns, constitue justement sa force aux yeux des autres : preuve qu'il existe en cette question un long malentendu que nous allons essayer de démêler et de faire cesser.

Quand on attaque l'introspection, on ne prend jamais assez de soin, nous semble-t-il, de dire avec précision si l'on en veut au procédé d'observation, ou, ce qui n'est pas du tout la même chose, au procédé de recherche scientifique et d'*analyse introspective*. L'un n'est pas l'autre, et il s'en faut de beaucoup que le premier, quoique mis constamment en œuvre par le second, suffise par cela seul à lui donner droit de cité dans la science et à le justifier. Quand même en effet l'introspection serait le seul moyen direct que nous ayons d'*observer* nos états de conscience, peut-être est-elle tout à fait impuissante à les *analyser* et à les *expliquer* : les yeux du physicien, qui lui montrent l'attraction des corps légers par l'ambre électrisé, sont incapables par eux-mêmes de lui rendre raison du phénomène : c'est l'esprit qui travaille sur les données de l'observation sensible, qui tire l'hypothèse de sa propre invention, et qui, plus tard seulement, quand il la vérifie, consulte de nouveau les yeux, en revenant aux faits; mais ne serait-il point absurde de ne voir, à travers tous les moments de la recherche, que la continuité de l'observation sensible?

De même il saute aux yeux que la méthode introspective

est à la fois un procédé d'observation au même titre que l'observation sensible, et un procédé d'explication scientifique, par le moyen d'hypothèses variées, dont il faut faire ensuite l'épreuve par un appel à l'expérience. Or, encore un coup, si l'introspection est ces deux choses, si elle est à la fois un procédé d'observation et une méthode, nous demandons qu'on dise, quand on élève des objections, si c'est l'*observation* que l'on attaque en elle, ou si c'est la *méthode*.

Il s'en faut, en effet, de beaucoup que les arguments dans les deux cas soient les mêmes et aient même valeur; même on prévoit sans peine qu'ils seront d'une faiblesse extrême quand ils seront tournés contre l'observation consciente, qu'on ne peut remplacer, fussent-ils très forts et même irréfutables quand on les reporte ensuite contre l'analyse introspective.

1º PREMIER ARGUMENT CONTRE L'OBSERVATION INTROSPECTIVE. — On a par exemple longtemps soulevé contre le sens intime l'objection suivante: toutes nos connaissances, a-t-on dit, résultent de l'application de notre esprit, le *sujet* qui connaît, à la chose qu'il s'agit de connaître, ou à l'*objet* de notre connaissance. La vue saisit les couleurs, l'ouïe saisit les sons; dans les deux cas, l'objet reste distinct et, par là même, indépendant du sujet: si vif que soit l'effort de mon attention, il ne fait point que le rouge m'apparaisse comme bleu, ou qu'un son grave devienne aigu pour mon oreille; le fait observé est et reste ce qu'il est, par cela seul qu'il existe en dehors du sujet qui l'observe et ne dépend pas de lui.

Au contraire, quand il s'agit du sens intime, il semble qu'il manque à la connaissance sa condition indispensable, à savoir la dualité du sujet connaissant et de l'objet connu. Ici, en effet, l'objet est le phénomène psychique, par exemple la sensation; mais, puisqu'il est conscient, il est aussi le sujet qui s'observe soi-même, identique à l'objet ; car, à moins de faire de la conscience, par une conception enfantine, une sorte d'œil intérieur, qui pour être vu à son tour en supposerait un autre et ainsi de suite à l'infini, la conscience qui observe la sensation ne saurait être distinguée de la conscience qui précisément la caractérise comme telle et qui en fait un phénomène psychique. Donc si le dernier n'existe qu'autant qu'il est conscient, il est vrai du même coup qu'il est connu dès qu'il existe ; et l'être se confond en lui avec la connaissance, si bien qu'il est tout à la fois, en tant qu'être, l'*objet*, et en tant que connaissance, le *sujet* conscient de soi. Par exemple, quand je souffre, il n'y a point d'une part la douleur que j'endure, de l'autre une conscience qui s'en distingue et me la fait apercevoir : il y a, d'une manière indivisible, un phénomène unique dont l'essence est d'être douloureux, et qui n'existerait plus dès qu'il ne serait plus senti.

Mais, disent les adversaires du sens intime, cela suffit pour entraîner l'impossibilité de l'introspection : si le sujet est en même temps l'objet, nous voilà d'emblée sortis des conditions de toute connaissance, et l'on pourrait presque conclure qu'il n'y a vraiment plus, dans la confusion de l'un et de l'autre, ni un sujet qui connaisse, ni un objet qui puisse être connu.

Ainsi, à prendre l'objection dans toute sa rigueur, elle est en partie dirigée contre l'introspection considérée comme un moyen d'*observation*. Mais, sous ce rapport, elle ne supporte pas un seul instant l'examen ; car s'il était vrai qu'elle atteint l'observation intime, elle atteindrait en même temps toutes les formes de l'observation, même externe et sensible. Quand nous supposons l'existence d'un objet sous notre main ou sous nos yeux, et quand nous le croyons hors de nous, qui le touchons et le voyons, est-ce lui vraiment que nous allons saisir, en sortant de nous-même, par l'entremise de nos organes ? Une analyse rigoureuse prouve qu'il n'en est rien : ce que nous atteignons directement, ce n'est en réalité ni l'objet coloré, ni même la couleur; c'est la sensation visuelle, c'est la présentation de la couleur à notre sens intime, c'est l'état de conscience. Par conséquent, soulever contre l'observation par la conscience une objection qui la détruit comme impossible et inintelligible, c'est détruire en même temps la possibilité de toute observation; et nos sens, qui, encore une fois, relèvent de notre conscience, ne valent, en définitive, que ce qu'elle vaut elle-même.

2° DEUXIÈME ARGUMENT CONTRE L'OBSERVATION INTROSPECTIVE. — Une seconde objection, très voisine de la première, est souvent invoquée contre l'introspection. On lui reproche d'être exclusivement individuelle; et, au nom du principe d'Aristote, qu' « il n'y a point de science de l'individu », on lui refuse tout caractère scientifique et dès lors tout accès dans la science.

De fait, l'introspection est entièrement tournée vers nous-même, vers notre seule individualité; et la nature du phénomène psychique le veut ainsi : il existe pour moi, et n'est, comme tel, observable que par moi : impossible dès lors qu'il s'offre à d'autres yeux qu'aux miens; mais impossible aussi, pour la même raison, que ma conscience pénètre la conscience d'autrui. Donc je ne saurai jamais que mes plaisirs, mes douleurs, mes sentiments, mes passions, mes associations d'idées; et peut-être pourrai-je, à la façon d'un romancier, les suivre en leurs déroulements successifs, les détacher de moi pour les peindre, les raconter et les décrire; mais à coup sûr je ne les connais point d'une connaissance scientifique : *mes* plaisirs, *mes* jugements, *mes* volontés ne sont point *le* plaisir, *le* jugement, *la* volonté, dont la science poursuit les caractères constants et généraux et, d'un mot qui résume tout, la loi.

Telle est l'objection, en apparence très forte, en réalité plutôt spécieuse et facile à réfuter. Remarquons d'abord qu'elle porte, comme la première, non seulement contre l'introspection, mais contre toutes les formes de l'observation. Qu'est-ce en effet qu'observer, sinon tourner notre esprit vers les faits, pour les constater, les percevoir, et saisir d'un premier effort de l'attention leurs rapports les plus apparents de succession ou de coexistence ? Et qu'y a-t-il de plus particulier qu'un fait ? Qu'il soit interne ou externe, qu'il tombe sous les prises de la conscience ou des sens, il est toujours individuel, non seulement au regard de sa propre nature, mais encore au regard de l'esprit qui l'observe et qui le voit à sa manière, selon les dispositions du moment. On parle sans cesse de la brutalité des faits: rien n'est, en réalité, si mobile, et n'exige, pour être observé fidèlement, des précautions si scrupuleuses.

Veut-on dire dès lors que l'observation des phénomènes psychiques est trop individuelle, en ce sens qu'elle est trop dépendante de l'observateur ? Mais c'est le sort commun de toute observation : les astronomes le savent bien, eux qui, pour noter le moment précis d'un passage au méridien, se méfient tant d'eux-mêmes et tiennent toujours compte, pour corriger les résultats de leurs observations, de ce qu'ils ont appelé l' « équation personnelle ». Sans doute les corrections du psychologue, pas plus que celles du naturaliste ou du physiologiste, ne sauraient être si précises et si mathématiques; mais l'essentiel est que l'observateur soit consciencieux et expérimenté, et qu'il sache s'entourer des précautions convenables pour que ses hypothèses n'altèrent point sa vue.

Toutefois, nous l'avouons sans détour, jamais, en aucune autre science, l'observation ne risque d'être plus mobile et plus décevante qu'en psychologie. En voici la raison : quand un physiologiste s'attend, dans des conditions déterminées, à voir s'élever subitement la température d'un animal mis en expérience, et quand au contraire elle s'abaisse, son attente ne saurait faire que l'abaissement de la température en soit une élévation, ou qu'il prenne l'un pour l'autre. Mais quand un psychologue arrive en face de lui-même avec une idée préconçue, il y a des chances pour que le développement des phénomènes s'arrange à souhait et lui donne raison. Je suppose, par exemple, qu'il ait d'avance l'opinion que chaque homme peut, en observant soigneusement ses sensations organiques, saisir par l'introspection ses propres organes, son estomac, son cœur, son cerveau, et en observer du dedans les fonctions. Il suffit qu'il en soit convaincu pour en trouver à chaque instant la preuve ; et, averti d'ailleurs par les travaux des physiologistes, il interprète à sa façon le sentiment confus qu'il a des battements de son cœur, des vibrations de son crâne ou même de son cerveau ; et il oblige sa conscience à lui montrer, d'une vue directe, et la circulation du sang et les localisations cérébrales. Rien n'est souple et docile en effet, complexe aussi, comme la conscience : à la fois objet et sujet, dans l'introspection, elle se donne à elle-même les spectacles qu'elle attend, au risque d'emprunter à son expérience antérieure, ici à l'érudition physiologique du psychologue, des éléments de vérification dont elle ne sait plus discerner l'origine.

C'est là, il n'y a pas à le dissimuler, le plus grave défaut de l'introspection ; il découle de la nature même du phénomène psychique, essentiellement individuel. Tandis que l'observateur ordinaire peut presque toujours en appeler d'un fait indécis ou obscur à un autre fait du même genre mieux présenté, ou se garder contre ses propres préventions en mettant le même fait sous les yeux d'autrui, le psychologue ne peut sortir de son individualité ni comme sujet, ni comme objet; et non seulement il n'étudie qu'un groupe individuel de phénomènes psychiques, les siens, et qu'un seul homme, lui-même; mais encore il est le seul qui puisse l'étudier, sans contrôle possible.

Quelle que soit la force de l'objection, nous ferons remarquer qu'elle ne porte pas tant contre l'observation directe des phénomènes que contre leur interprétation, ce qui n'est pas du tout la même chose. Quand tout à l'heure le psychologue empruntait à l'observation intime la connaissance de ses sensations organiques, il n'y avait pas un mot à répliquer : il en avait par la conscience l'intuition immédiate, à laquelle, encore une fois, rien ne peut suppléer. Mais peut-être aussi, quand il y voyait les indices de localisations certaines, n'apercevait-il point les éléments étrangers que son esprit prévenu ajoutait sans y songer à la sensation toute pure : tant il est vrai qu'on voit trop souvent non seulement ce qui est, mais ce que l'on veut voir.

Toutefois, est-ce un défaut qu'on puisse reprocher seulement au psychologue ? Tous les observateurs, à mesure surtout qu'ils se rapprochent des phénomènes complexes de la vie organique, n'y sont-ils point sujets ? Et n'est-il pas fréquent qu'un physicien, un chimiste, mais surtout un physiologiste et un micrographe soient tentés d'attribuer à la réalité tout ce qu'ils voient, bien que trop souvent leur imagination ajoute aux strictes données de leurs sens? En pareil cas les savants, surtout de nos jours, prennent les plus minutieuses précautions pour contrôler et corriger, comme ils disent, leurs observa-

tions les unes par les autres. Et il faut avouer qu'ils ont
à leur disposition des moyens multiples pour y réussir.
Rien n'approche, à ce propos, des ressources du micrographe : tel voit autrement le même objet dans deux
microscopes différents : dès lors, faisant tourner à son
profit ce qui n'était d'abord qu'une difficulté, il habitue
son œil droit à l'usage de l'un des microscopes, son œil
gauche à l'usage de l'autre, et compare sans cesse les
observations qui lui viennent de ces deux sources. Signa-
lons encore chez le même observateur l'immense utilité
des colorants : non seulement il y trouve l'avantage de
voir plus distinctement les objets minuscules qu'il place
sous son objectif ; mais encore les divers colorants, dont
il connaît d'avance les affinités, lui décèlent, en attaquant
plus ou moins les éléments de ces objets, leurs propriétés chimiques et leur composition. L'observation micro-
graphique est donc très scientifique, et par sa précision,
et par le continuel contrôle qu'elle exerce sur elle-même.

Sans doute il serait excessif d'y assimiler, sous ce
double rapport, l'opération introspective ; mais le serait-
il moins de refuser à celle-ci, sous prétexte qu'elle est
exclusivement individuelle, tout moyen de correction ? Et
d'abord, sans sortir de sa propre conscience, l'homme
n'a-t-il donc pas, dans son passé, des éléments multiples
de comparaison ? Son existence n'est point resserrée en
un moment insaisissable, ni son étude restreinte au phénomène unique qui remplit le présent : celle-là s'écoule,
au contraire, en une multitude de phénomènes successifs,
entre lesquels peuvent s'établir des rapprochements, et
d'où se dégagent, par des corrections incessantes, les
traits généraux et scientifiques des phénomènes semblables. C'est ainsi que le psychologue a pu par exemple
distinguer dans le plaisir ou la douleur les éléments de
l'*inclination* primitive, du *besoin* plus ou moins pério-

dique, du *désir*, de la *passion*, etc. ; et nulle observation, sur ces sujets, n'était capable de remplacer la sienne. Mais ce n'est pas tout: comment nier qu'il trouve à chaque instant dans l'observation de ses semblables, dans leurs attitudes, dans leurs discours, dans leurs actions, dans leurs récits, puis, d'une façon plus générale, dans l'histoire des races, des peuples, des langues, des religions, etc., les moyens de contrôler, de corriger, de préciser ses observations individuelles, et, à leur aide, d'édifier une science générale et rigoureuse ?

Particulière, l'observation par la conscience l'est donc chaque fois qu'elle s'exerce ; mais en ce sens, quelle observation ne l'est point, et du côté de l'esprit qui observe et du côté du fait que l'on observe ? L'essentiel est qu'ensuite le fait soit susceptible d'être généralisé ; or, à vrai dire, est-ce à l'observation qu'en aucune autre science incombe le soin de généraliser les faits et d'en trouver les lois ? Est-ce elle que l'on charge d'inventer l'hypothèse et d'en imaginer les vérifications futures, ou, en un mot, d'induire et d'expérimenter ? Ici encore ce n'est donc point contre l'observation intime, mais contre la méthode qui la met en œuvre, que porte l'objection.

3° TROISIÈME ARGUMENT CONTRE L'OBSERVATION INTROSPECTIVE. — Un reproche plus grave est dirigé contre elle. Il est tiré de la nature des phénomènes observés, et il paraît atteindre dans sa source même la méthode et la psychologie purement introspectives.

On accorde qu'à la rigueur l'observation intime est aussi certaine que puisse l'être jamais la constatation d'un fait ; on accorde même que les phénomènes observés peuvent être généralisés ; mais on nie que l'analyse ait jamais prise sur un phénomène, dès qu'on en doit l'observation à l'introspection seule.

En effet, n'avons-nous pas montré nous-même la

nature essentiellement synthétique du phénomène psychique? et n'avons-nous pas établi que l'attribut qui lui donnait précisément son caractère conscient lui conférait en même temps la possibilité d'être observé? Mais alors la conscience qui le saisit dans sa forme et dans son unité pourrait bien n'en atteindre jamais les éléments multiples et les dernières conditions.

Supposons qu'il s'agisse d'étudier notre connaissance des objets extérieurs: l'introspection sans doute aura bientôt distingué un certain nombre de phénomènes psychiques que des différences très nettes et parfois même des intervalles de temps séparent les uns des autres: c'est ainsi par exemple qu'on fera vite la différence d'une *sensation* et d'une *perception*, la première, toute passive et toute simple, déterminée presque entièrement par son objet physique et par les impressions nerveuses, la seconde plus complexe, plus spontanée, faite de sensations auxquelles s'ajoutent des réactions d'ordre psychique, des souvenirs, des images, des sentiments et même des concepts. Mais la conscience, attentive seulement à la forme des phénomènes, n'aperçoit bien que leurs oppositions; elle excelle à les voir entiers, à les décrire, à les rapprocher selon leurs ressemblances ou à les distinguer selon leurs différences; mais elle est impuissante à briser leur unité, à les décomposer et les résoudre en leurs éléments les plus simples.

Dans l'exemple choisi, il semblerait pourtant qu'on ait analysé la perception par la méthode introspective; mais qu'y a-t-on trouvé, en somme, sinon des phénomènes complexes, véritables synthèses offertes d'autres fois dans leur intégrité à la conscience et réfractaires à l'analyse, comme un souvenir, un sentiment ou une idée? Notre attention, pourrait-on dire, a donc pu mettre à part des unités déjà distinctes, plutôt juxtaposées que combinées dans l'acte de la perception: elle n'a rien décomposé ni, par suite, rien résolu. De plus, l'impossibilité de l'analyse, fût-elle douteuse quand il s'agit de la perception, est certaine en tout cas quand on est en présence de la sensation. Aux yeux du psychologue, c'est un fait irréductible : et s'il a pu entreprendre plus d'une fois de construire synthétiquement avec elle tous les autres phénomènes de l'esprit, par exemple l'idée, le jugement, la volonté, etc[1]., il n'a jamais trouvé, au moins dans la méthode introspective, le moyen de la diviser, d'atteindre en elle des éléments plus simples qu'elle, ni, par conséquent, d'en rendre compte.

La connaissance scientifique n'est pourtant qu'à ce prix ; connaître, c'est expliquer; et expliquer un phénomène, c'est le résoudre en ses conditions, ou, mieux encore, en ses éléments dont on doit savoir la nature, l'arrangement, et peut-être le nombre. Alors seulement on sait et *de quoi* il est fait et *comment* il est fait. C'est ainsi que l'*analyse* montre au chimiste *de quoi* est faite l'eau, qu'elle décompose en hydrogène et oxygène; mais pour savoir avec une pleine certitude *comment* elle est faite, rien ne saurait remplacer la reconstitution de l'eau par l'activité propre du savant, ou la *synthèse*; car, lorsqu'il a lui-même mesuré des quantités définies d'oxygène et d'hydrogène et qu'il a produit, en les combinant, une quantité d'eau également définie, il voit en quelque sorte à travers le composé ses composants, et il sait la nature de l'eau. De même le chimiste moderne poursuit jusque dans l'atome chimique l'élément constituant des corps simples eux-mêmes, tant il est vrai qu'il croit n'avoir rien expliqué jusqu'à ce qu'il ait saisi les éléments des choses.

1. C'est ce qu'a fait Condillac dans son *Traité des sensations.*

Pour la même raison, le psychologue, à ce que l'on prétend, ne connaîtra scientifiquement le phénomène psychique que lorsqu'il aura trouvé une analyse qui le décompose et une synthèse qui le reconstitue. Jusque-là, l'introspection pourra *décrire* les phénomènes conscients, en donner des *classifications* plus ou moins naturelles; mais elle sera incapable de les *expliquer* et, dans le sens rigoureux du mot, d'en fonder la science.

Aussi bien, qu'a été jusqu'à notre époque, la psychologie purement introspective? A-t-elle fait autre chose, en consultant exclusivement le sens intime, que constater et recueillir des faits? Et pouvait-elle, avec un semblable procédé, sortir du champ nécessairement restreint de la pure observation? Sans doute elle a pu, de bonne heure, découvrir tous les états de l'esprit humain, pensées, sentiments, souvenirs, volitions; mais comment, si la conscience ne saisit du fait psychique que sa forme et son unité, eût-elle pu dépasser ce premier résultat? Du fait de la réminiscence, ou du désir sensible, Platon ou Aristote en savaient autant que nous et le savaient par le même moyen, l'observation directe du sujet par lui-même; mais depuis leur époque la psychologie a pu ne pas les expliquer mieux qu'eux, parce qu'elle les *constate*, sans les *analyser*. Aussi, tandis que la science progresse, la psychologie reste-t-elle stationnaire. Le succès d'une analyse prépare les moyens d'en faire d'autres; au contraire une observation, toujours la même, demande le même effort à chaque observateur; bien plus, il semble qu'elle se mesure, comme chez le romancier, à la pénétration et au génie de chacun, si bien que la psychologie d'un Platon, œuvre d'art plutôt que de science, ne sera peut-être en son genre jamais dépassée.

On ne saurait nier pourtant que, par quelque côté, la psychologie ainsi comprise touche encore à la science:

même en d'autres domaines, il existe des sciences de pure observation, la zoologie, par exemple, la botanique et la géologie, au moins sous la forme qu'elles avaient encore il y a un demi-siècle ; ensemble elles constituaient l'*histoire naturelle*, terme expressif qui les définissait alors d'une manière excellente ; elles n'avaient qu'une méthode, la *description* des animaux, des végétaux et des couches terrestres, et ne pouvaient, dès lors, se proposer qu'un but, leur *classification*.

Il ne manque pas de gens qui, dans cette mesure, seraient tout prêts à reconnaître un caractère scientifique à la psychologie ; en revanche ils soutiennent qu'elle est exclusivement capable de constater et recueillir des faits, d'en noter les ressemblances et les différences, et, pour tout résultat, de les *décrire* et les *classer*. Ainsi ont procédé les psychologues anciens ; et, naguère encore, une école célèbre, celle de Reid et de Dugald-Stewart, mettait mieux qu'aucune autre en lumière le véritable esprit de la psychologie purement introspective en faisant l'*histoire naturelle* de l'âme. Firent-ils en effet autre chose que de dresser scrupuleusement le catalogue de nos états de conscience, que de les suivre avec curiosité dans leur genèse et dans leurs développements, enfin que de les grouper en des classes multiples, où devaient sans exception rentrer tous les phénomènes de la vie mentale ? Qu'un pareil travail mérite autre chose que le dédain, que des observations si exactes et si nombreuses constituent pour une science naissante un fonds inappréciable, il n'est probablement dans aucune école personne pour en douter. Mais, sans rappeler contre la psychologie écossaise le mot cruel de Spinoza, qui appelait déjà la psychologie de son temps « l'historiole de l'âme », il est certain qu'une science n'est pas sortie des tâtonnements primitifs et n'a trouvé ni sa méthode ni son objet, tant qu'elle demeure *descriptive* et qu'elle ne dépasse point la *classification*. La zoologie n'est vraiment une science que du jour où Darwin, utilisant d'ailleurs des classifications laborieusement acquises, les vivifia, en mettant au-dessus d'elles une hypothèse féconde qui expliquait, en même temps que l'évolution des espèces, la parenté des êtres et de leurs formes organiques. De même, à ce que l'on soutient, la psychologie ne sera une science que le jour où elle aura en main un procédé qui la rendra capable d'aller plus loin que le fait observé, et de saisir les éléments qui le composent. La description et la classification sont peut-être les moyens, au moins préparatoires, de la science : l'explication analytique en est la fin et comme l'essence même.

II

L'ANALYSE ET LA PSYCHOLOGIE. — PSYCHOLOGIE ANGLAISE ET PSYCHOLOGIE ALLEMANDE. — L'EXPÉRIMENTATION EN PSYCHOLOGIE ET LA PSYCHOLOGIE PHYSIOLOGIQUE.

Depuis longtemps, ces conditions d'une méthode vraiment scientifique ont été aperçues des psychologues ; et des efforts divers ont été tentés soit pour amender et perfectionner l'ancienne méthode introspective, soit pour en démontrer l'impuissance radicale et pour la remplacer par des méthodes nouvelles, empruntées d'ordinaire aux sciences physiques ou plus souvent encore à la physiologie. A ce dernier parti se sont généralement rangés les psychologues allemands, fondateurs de la *psycho-physique* et de la *psychologie physiologique*; au premier sont, au contraire, restés fidèles les psychologues anglais, auteurs de la psychologie dite *associationniste*.

A. Psychologie anglaise. — Il faut rendre en effet aux successeurs de Locke et de David Hume cette justice qu'ils ont été frappés, parmi les premiers, du caractère insuffisant de l'ancienne psychologie, et qu'ils ont de bonne heure compris la nécessité de lui donner, avec une méthode scientifique, l'indépendance et la certitude positive d'une science. Disciples de Bacon, ils ne pouvaient manquer, en présence des faits psychiques, d'en appeler aux règles rigoureuses de l'observation et de la méthode expérimentale ; mais, disciples aussi de Berkeley, de Hume et de l'école écossaise, il était impossible qu'ils méconnussent le premier caractère du phénomène mental, qui est d'être conscient et de n'être saisissable que par la conscience.

De là, dans la psychologie anglaise, la double préoccupation de conserver au fait psychique sa physionomie propre, et pourtant de ne l'étudier, selon l'esprit de la méthode baconienne, que comme un phénomène, sans en chercher l'explication ailleurs qu'en d'autres phénomènes, en ses antécédents par les voies ordinaires de la méthode expérimentale, et en ses éléments par une analyse scrupuleuse et patiente. D'emblée, l'école de Hartley et de James Mill avait trouvé à la psychologie une méthode à la fois *subjective* et *analytique*, en sauvegardant du même coup l'originalité du phénomène psychique et les droits de la science.

Que l'esprit nettement positif de la nouvelle psychologie ait donné à ses découvertes une exactitude et une valeur scientifiques jusqu'alors inconnues dans ce domaine, qu'il ait contribué plus qu'aucune autre chose à dégager la science d'objets et de recherches qui n'étaient point les siens, personne ne le conteste. Mais que l'*analyse subjective* des Anglais soit véritablement une *analyse*, au sens scientifique du mot, et qu'à ce titre elle soit

jamais la méthode définitive de la psychologie, c'est ce
que nient les Allemands, et avec eux les adversaires de
toute méthode introspective. Selon ces derniers, en effet,
qui dit introspection dit le contraire de l'analyse ; et
c'est une contradiction dans les termes que de parler
d'une *analyse subjective*. Quels que soient les mérites de
la psychologie anglaise, si importants et si précieux que
doivent rester, pour la science future, quelques-uns de
ses résultats, le caractère subjectif ou introspectif de sa
méthode la condamne à n'être qu'une autre forme, plus
savante et plus parfaite, de la psychologie écossaise, et
à continuer simplement, à la suite de cette dernière,
l'histoire naturelle de l'âme.

Quand M. Bain étudie par exemple les données de nos
sens[1] ou les formes multiples de nos émotions[2], il procède, de son propre aveu, plutôt comme un naturaliste
que comme un physicien ; et s'il énumère avec une incomparable exactitude les sensations les plus complexes dues
à chaque sens aussi bien que les plus fugitives, s'il met
la pénétration et l'habileté d'un moraliste à décrire toutes
nos émotions, encore ne fait-il qu'énumérer et décrire,
et ne veut-il « construire qu'une histoire naturelle des
états de conscience ». On eût autrefois donné, on donne
souvent encore à des études introspectives comme celles
de M. Bain le nom d'*analyses psychologiques* ; mais l'analyse est-elle en ce sens autre chose que l'art de s'observer
soi-même, d'être attentif aux plus légers détails d'un
état de conscience, d'en discerner les nuances les plus
délicates ? Pascal en eût fait une forme de l'esprit de
finesse ; mais si elle est l'analyse qui *démêle* et *sépare*, au
sein d'un groupe complexe, les unités qui s'y trouvent
confondues, elle n'est point l'analyse qui *décompose*, la

1. *Les Sens et l'Intelligence*, par Alex. Bain.
2. *Les Émotions et la Volonté*, par le même.

seule pourtant qui soit explicative et qui fonde la science.

En faudrait-il donner la preuve ? L'état de la psychologie anglaise, telle que l'ont faite des maîtres comme Stuart Mill et M. Bain, semblerait la fournir éclatante et irréfutable. On sait quelle fut, dès le premier moment, l'ambition de l'école : trouver la loi qui, en psychologie, jouerait le même rôle qu'en astronomie la loi de la gravitation, ou en biologie celle de l'organisation des cellules ; trouver, en d'autres termes, la loi de l'arrangement des éléments de la vie psychique, ce qui suppose connus ces éléments eux-mêmes. Cette loi, les psychologues anglais ont cru la voir dans l'association des états de conscience ; sans relâche, ils se sont mis à l'étude de toutes les formes de l'association et, par les mains de Stuart Mill, en ont dressé la liste à la fois aussi restreinte et aussi complète que possible.

Mais l'analyse subjective, le seul instrument de découverte qu'eût employé Stuart Mill, n'était pas plus capable de le conduire aux lois élémentaires de la vie psychique qu'aux éléments mêmes qui la constituent. De là, disent leurs adversaires, l'impuissance synthétique des psychologues anglais ; de là l'impossibilité pour eux, faute d'en avoir saisi les composants, d'expliquer la genèse d'un seul état de conscience et d'en opérer d'une manière idéale la véritable construction. L'analyse chimique, parce qu'elle aboutit aux éléments réels des corps qu'elle décompose, indique d'elle-même les voies de la synthèse, qui réussit et la confirme ; si toujours, au contraire, dans la psychologie anglaise la synthèse est manquée, c'est qu'elle est précédée de l'analyse subjective, qui n'est qu'une ombre d'analyse.

B. LA PSYCHOLOGIE ALLEMANDE ET L'EXPÉRIMENTATION EN PSYCHOLOGIE. — Que manquait-il donc à l'école anglaise

pour fonder la psychologie comme science et pour tenter
une analyse réelle des phénomènes psychiques ? L'école
allemande l'a depuis longtemps montré par ses critiques
aussi bien que par son exemple : il lui manquait l'*expérimentation*.

La psychologie en effet a pour objet des phénomènes ;
et comme toutes les sciences qui étudient des faits, elle
en cherche les lois, les conditions et l'arrangement. Dès
lors il est possible qu'elle soit une *histoire* naturelle de
l'âme ; mais il vaudrait mieux et vraisemblablement il se
pourrait qu'elle fût une *science* naturelle des phénomènes
psychiques. Pour cela, à en juger par l'analogie des
sciences naturelles, deux conditions sont requises : la
première est qu'elle atteigne les éléments derniers des
phénomènes qu'elle étudie ; la seconde, qu'à l'aide d'une
loi générale elle soit en mesure, en groupant ces éléments, de retrouver et d'expliquer les faits. Tel était le vœu
de Stuart Mill, quand il rêvait une loi qui fût à la psychologie ce qu'est à l'astronomie la loi de la gravitation ; et
Herbart, en Allemagne, avec une vue plus précise
encore, demandait que « de même que la physiologie
construit le corps avec des fibres, la psychologie cons-
truisît l'esprit avec des séries de représentations. » Analyse et synthèse : analyse pour isoler les éléments ; synthèse pour en composer les phénomènes réels : tel est
donc le double procédé qui s'imposerait à la psychologie.

Or ni l'un ni l'autre ne sauraient aller, semble-t-il, sans
l'expérimentation. Un phénomène, en effet, se prête
rarement de lui-même à la décomposition, on pourrait
presque dire à la destruction, qui dégage, en les sépa-
rant, les éléments dont il est fait. Si le chimiste n'avait
aucun moyen d'agir directement sur l'eau soit par un
courant électrique, soit par un réactif, jamais il n'eût
été capable d'en faire l'analyse ; si longtemps qu'il eût

sur elle concentré son attention, jamais ses yeux n'eussent distingué dans l'eau ces deux corps simples, l'hydrogène et l'oxygène. Pour la même raison, jamais non plus, sans une intervention directe du savant dans la production des phénomènes, des parties d'oxygène et d'hydrogène ne se fussent au hasard assemblées sous ses yeux pour recomposer l'eau et en faire la synthèse.

Provoquer à son gré l'apparition d'un phénomène, en réunir ou séparer volontairement les éléments, en diminuer ou en augmenter l'intensité et la durée, d'un seul mot, *expérimenter*, telle paraît donc bien être, pour le savant, la condition première de toute analyse et de toute synthèse.

Mais n'est-ce point du même coup la condamnation de toute psychologie scientifique? Telle était au moins l'opinion de Kant; et lorsqu'il excluait la psychologie du nombre des sciences naturelles, il en donnait cette raison que nous sommes incapables de modifier à volonté les phénomènes psychiques, et, par conséquent, de nous livrer sur eux à de véritables expériences. Comment prétendre en effet instituer des expériences sur la conscience d'autrui, quand elle nous est fermée, et quand les faits qui s'y produisent échappent même à notre observation? Ou comment expérimenter sur nous-même, alors que notre existence psychique, si mobile, se plie en quelque sorte à l'idée préconçue, et qu'elle se prête à vérifier si souvent d'une façon trompeuse l'hypothèse, fausse ou vraie, de l'expérimentateur? Ainsi, l'écueil est double pour le psychologue : ou bien il n'a sur les faits psychiques aucune action, ou bien il en a trop; d'une façon comme de l'autre, ses expériences ne sauraient rien valoir, puisqu'elles ne sont le plus souvent pas même possibles, et puisqu'elles prouvent trop, dès qu'elles seraient en mesure de prouver quelque chose.

Mais si l'objection paraît très forte, elle l'est seulement, prétendent les représentants modernes de la psychologie allemande, contre la psychologie ancienne et contre la méthode introspective. La physique d'Aristote ou des scolastiques n'était point riche non plus en expériences; et pourtant la physique est de nos jours la science expémentale par excellence, depuis qu'elle a circonscrit son domaine et assuré ses méthodes. De même si la psychologie jusqu'à notre époque n'a jamais été expérimentale, qui prouve qu'on doive s'en prendre à sa nature? et n'est-il pas permis d'en accuser plutôt les psychologues, qui n'ont pas su trouver le vrai terrain, ni appliquer la sûre méthode de l'expérimentation? Qu'ont-ils fait autre chose, depuis l'antiquité, que s'épuiser en vains efforts pour regarder en eux-mêmes et saisir au passage les événements de leur vie intérieure, à peu près comme le physicien qui se contenterait de contempler la nature et de suivre, d'un regard attentif, les faits qui s'y succèdent? Pourtant il ne s'agissait point de peindre l'âme humaine, mais de trouver à chaque fait psychique ses causes et ses conditions, ou, en un mot, d'en découvrir la loi. Malheureusement, l'ancienne psychologie cherchait la cause d'un fait par delà le domaine des faits, dans la substance; ou quand, mieux avisée, elle demandait à d'autres phénomènes l'explication d'un phénomène, c'était toujours à d'autres faits psychiques, aussi vagues et aussi mal connus que le fait étudié. Or la science interdit qu'on sorte, pour expliquer un fait, du domaine des faits; mais elle exige en outre qu'on n'accepte pour sa cause qu'un antécédent nettement défini, qui le précède constamment, et dont toutes les variations soient si étroitement liées aux siennes que l'un soit en quelque manière la mesure de l'autre. Le physicien n'est sûr de la loi qu'il découvre qu'après qu'il a mesuré la cause et mesuré l'effet, et quand la relation mathématique qui les unit suffit, dans tous les cas, à rendre compte de toutes les relations qu'ils présentent dans la réalité. Par exemple, il ne suffit pas d'énoncer vaguement que la chaleur (*antécédent* ou *cause*) produit la dilatation des corps (*conséquent* ou *effet*), tant il est fréquent que deux faits se suivent constamment sans être unis l'un à l'autre par un lien de causalité; mais lorsque la quantité de l'*antécédent* varie d'une manière strictement proportionnelle à la quantité du *conséquent*, notre esprit est contraint de reconnaître dans le premier la condition déterminante ou la cause du second; aussi le physicien, dans l'exemple cité plus haut, n'arrête-t-il ses recherches qu'après avoir prouvé par des mesures multiples la proportionnalité constante de la dilatation des corps à l'élévation de la température.

En résumé, un phénomène ne nous est connu scientifiquement que quand nous en avons trouvé la *cause* et la *relation quantitative* avec cette dernière. L'expérimentation d'ailleurs est la seule méthode qui puisse donner ce double résultat. Dès lors, ne serait-il point étrange, inversement, que des faits liés à des antécédents constants et mesurables dussent échapper toujours aux prises de la méthode expérimentale?

Or, si l'on considère les phénomènes psychiques, qui niera qu'ils présentent tous, sans exception, de tels caractères? L'ancienne psychologie a pu faire fausse route à la recherche de causes imaginaires; mais la nouvelle s'est rendu compte d'une part qu'il n'existe pas au monde un seul phénomène qui n'ait en un autre sa condition déterminante; et d'autre part elle a appris du mécanisme l'étroite dépendance du fait psychique relativement à son antécédent physiologique. Pas une sensation, si faible et si voisine de l'inconscience soit-elle, qui ne trouve sa raison dans quelque vibration nerveuse afférente; pas une idée qui ne résulte en nous d'une série harmonique de vibrations cérébrales; pas un désir ou une volition qui ne soit le reflet psychique d'une désintégration centrale, et qui n'ait sa mesure en quelque réaction motrice plus ou moins apparente. L'homme qui saurait compter toutes les vibrations du système nerveux et suivre tous les rythmes de ses intégrations et désintégrations, saurait tous les antécédents et peut-être l'essence de tous les faits mentaux; il connaîtrait la vie psychique et pourrait la construire, comme le mathématicien connaît de nos jours les secrets de la lumière et théoriquement en construit les rayons.

C'est là sans doute un idéal inaccessible; mais on en peut déduire au moins cet enseignement que le psychologue a sous la main, dans le processus physiologique, dans l'excitation nerveuse ou même dans l'excitant physique, l'antécédent lié invariablement au phénomène mental. Par conséquent il peut, tout comme le physiologiste ou le physicien, employer l'expérimentation. Bien plus, il est placé dans des conditions particulièrement favorables pour en tirer les meilleurs avantages; car non seulement l'antécédent physiologique du phénomène mental est constant, mais encore il est susceptible d'être mesuré avec précision; et dès lors si le psychologue peut à son gré en augmenter ou diminuer l'intensité, le voilà maître des modifications mentales correspondantes, et le voilà capable de porter la mesure et la quantité jusqu'au milieu des phénomènes psychiques qui paraissaient y échapper et par là même échapper à la science. Ainsi ont pu être cherchées les relations numériques des sensations de lumière, de son, de température, de poids ou de résistance, avec les excitants physiques dont on faisait varier l'intensité; et ainsi s'est trouvée fondée la *psycho-physique*, grâce aux découvertes de Weber et de Fechner.

Malheureusement, si séduisants que soient par leur rigueur les résultats de la science nouvelle, ceux même qui y attachent le plus grand prix ne sauraient oublier quel champ restreint elle ouvre à la psychologie expérimentale. Des trois moments de la vie psychique, liés aux trois fonctions de l'activité nerveuse, la fonction afférente, la fonction centrale, et la fonction efférente, le psycho-physicien n'a en effet jusqu'à présent pu aborder que le premier, et probablement n'abordera jamais ni le second ni le troisième. Les seuls éléments qu'aient atteints son étude et ses mesures ont été les *sensations*, parce qu'il tient sous son action immédiate l'antécédent physique qui les détermine. Encore ne sait-il rien, du moins rien de précis, du processus physiologique, bien plus voisin du phénomène psychique; pour étudier la sensation lumineuse, il ne mesure ni l'amplitude ni le nombre des vibrations rétiniennes; il compare seulement entre elles, au moyen d'un photomètre, les intensités successives de la source lumineuse, et n'a prise en définitive que sur la cause *physique* et *éloignée* de la sensation. Que fera-t-il, dès lors, de sa méthode, en face des idées, des jugements, des souvenirs ou, en un mot, des états de conscience liés aux fonctions centrales? Sans mettre en doute ici cette liaison, ira-t-il explorer la moelle ou le cerveau? et, lui qui ne connaît même pas avec précision la forme générale de leur activité, ira-t-il compter les vibrations, mesurer les ondes, mettre en équation les travaux de toutes les molécules qui contribuent à la représentation?

L'impossibilité pour la psycho-physique de triompher d'une difficulté moins grande laisse peu de doute sur son succès futur dans l'étude des représentations cen-

trales. Quoiqu'elle ait, en effet, dans le mouvement des
muscles, un élément sensible pour mesurer les réactions
volontaires de tout ordre, et quoique ce mouvement soit
à la volition la même chose à peu près que l'excitation
nerveuse à la sensation, elle a jusqu'à présent échoué
d'une manière absolue dans la mesure des états psychiques par l'intermédiaire des réactions motrices. Et, au
dire de Wundt lui-même, ce ne sont pas seulement ici
les procédés qui manquent; mais c'est que la source
mentale, d'où viennent les déterminations motrices, est
trop agitée et sans doute aussi trop profonde pour l'œil
du mécaniste et du géomètre.

Ainsi la psycho-physique est loin d'explorer le champ
tout entier de la psychologie, ou, pour mieux dire, elle
est condamnée à n'en parcourir qu'une infime région et
que les abords. Reste à savoir si l'expérimentation, sous
d'autres formes moins précises peut-être, mais sûres
encore, peut fonder une psychologie complète.

Ce que le *psycho-physicien*, par la mesure de l'antécédent physique des représentations, n'a pu faire, le *psycho-
physiologiste*, de nos jours, par l'étude attentive des états
normaux et *pathologiques* du système nerveux, l'a entrepris, non sans succès. Il a demandé à l'anatomie et à
l'histologie la constitution intime des organes sensoriels,
à la physiologie la nature et le mode des vibrations des
nerfs spéciaux, le jeu des muscles connexes; et il a
démêlé, à la lumière des expériences tentées par le biologiste, les éléments multiples de nos perceptions sensibles. Les renseignements non plus ne lui ont pas
manqué, pour pénétrer dans les secrets de la conscience,
sur la constitution et les fonctions des centres sensoriels, idéaux et moteurs, réunis dans le cerveau. De
plus, par la section des conducteurs nerveux et par l'ir-
ritation directe des régions superficielles ou profondes

des centres, il s'est mis à même, comme le physiologiste, de provoquer à son gré l'apparition des phénomènes qui l'intéressent, et de les étudier tantôt isolément, tantôt dans leurs associations multiples.

Mais la *pathologie* surtout a été mise à contribution et est devenue, à notre époque, l'instrument d'expérimentation par excellence pour la psychologie. On peut en effet remarquer sans peine quelles difficultés doit rencontrer l'expérimentateur pour agir, par le scalpel ou autrement, sur les fonctions nerveuses et notamment sur les fonctions cérébrales ; sans parler de l'infinie complexité des cellules et des fibres qui constituent les masses centrales, on se rend compte que la vivisection, par exemple, quand elle opère sur des organes si essentiels et si délicats, en trouble profondément l'activité et souvent la supprime : la preuve, s'il fallait la donner, serait fournie surabondamment par la difficulté d'établir directement une théorie des *localisations cérébrales*.

Mais ce que le physiologiste ne sait point faire, la maladie l'accomplit par des voies sûres. On sait par exemple que, dans le ramollissement cérébral, la dégénérescence des cellules nerveuses ne s'étend point brusquement à l'organe tout entier, mais que, partie d'un point invisible ou d'une lésion très petite, elle gagne de proche en proche, avec une lenteur extrême, les régions voisines. Or si l'on a pris soin, pendant la maladie, d'observer jour par jour l'état mental et physique du malade, et si, après sa mort, l'autopsie permet d'examiner et de circonscrire nettement les parties atteintes, il n'est pas douteux qu'on doive conclure des altérations organiques constatées après la mort aux troubles fonctionnels observés pendant la vie ; de là à prêter, dans l'état normal, la fonction non troublée et normale au centre resté sain, il n'y a qu'un pas. Supposons par exemple qu'on ait

observé chez un malade une paralysie de la jambe
droite, et qu'à l'autopsie on trouve toujours, en pareil
cas, la même région corticale de l'hémisphère gauche
atteinte par le ramollissement, on n'hésitera pas à voir
dans celle-ci le centre moteur du membre inférieur
droit. Ainsi procèdent souvent les physiologistes qui,
comme M. Charcot, poursuivent la localisation des fonctions cérébrales.

Mais ce n'est pas le seul service que rende à la physiologie, et du même coup ici à la psychologie, l'anatomie pathologique. Elle est encore pour le psychologue
un instrument d'analyse qu'aucun autre ne saurait remplacer. Il est remarquable en effet que la désintégration
morbide se propage dans les centres nerveux de telle
manière qu'elle dissocie lentement, en atteignant les
uns et en épargnant les autres, les éléments organiques
qui, d'ordinaire, associent étroitement leurs fonctions.
Et qu'en résulte-t-il ? C'est d'abord que, dans l'état
normal, les fonctions inséparablement liées de ces
organes multiples nous apparaissent comme une seule
fonction, sans que ni le physiologiste ni le psychologue
aient aucun moyen de les discerner ni de les isoler. Par
exemple, on a cru longtemps à l'unité de la fonction du
langage, entendu ou parlé, articulé ou écrit. Mais quand
la maladie est venue détruire telle partie d'un centre,
sans effleurer les autres, il va de soi que la fonction de
la première se trouve supprimée alors que les autres
peuvent être simplement troublées ou même rester
intactes. Dès lors, sous les yeux du physiologiste et du
psychologue, se brise l'unité fonctionnelle qu'ils croyaient
absolue, et se séparent nettement les unes des autres les
fonctions vraiment élémentaires. C'est ainsi qu'on distingue aujourd'hui l'*aphasie* (suppression de la faculté
de parler) de l'*agraphie* (suppression de la faculté

d'écrire), et la *surdité verbale* (trouble dans la perception des mots parlés), de la *cécité verbale* (incapacité de comprendre les mots écrits). On en a déduit la distinction des faits qui regardent l'interprétation des mots par la vue et par l'ouïe, et de ceux qui concernent la production des signes et leur intelligence. De même une vive lumière a été jetée sur les éléments multiples d'un souvenir ou d'un acte volontaire par la pathologie de la mémoire et de la volonté ; et on peut affirmer que jamais analyse directe des phénomènes n'avait eu, avant l'emploi de la méthode pathologique, un pareil pouvoir de dissociation.

Ajoutons, sans y insister, que l'*hypnotisme*, mieux connu depuis quelques années, paraît promettre au psychologue une puissance analytique du même genre. Tout le monde connaît l'influence de l'opérateur sur le sujet hypnotisé ; il peut éveiller à son gré chez ce dernier telles images simples ou complexes, les isoler ou les réunir, en laisser suivre ou en arrêter les conséquences normales ; dès lors il a entre les mains un véritable instrument d'analyse, très souple et très instructif : par exemple, rien n'est plus délicat, d'ordinaire, que l'étude des hallucinations de la vue ; l'hypnotisme, au contraire, la rend très commode, puisqu'il permet à l'opérateur de les provoquer quand et comme il veut, et d'en varier à volonté la composition et les formes : il les fait naître, comme bon lui semble, dans les deux yeux ou dans un seul, les étudie à part dans chaque œil ou à la fois dans tous les deux ; bien plus, il peut livrer simultanément chaque œil à une hallucination différente, et tient ainsi à sa disposition, dans l'hallucination dédoublée, l'un des phénomènes les plus curieux et les plus rares qu'offrent aux aliénistes les maladies mentales.

Avec des procédés si divers et d'une portée si étendue,

la psychologie moderne des Allemands, si bien appelée par Wundt *psycho-physiologie*, devait accomplir des progrès rapides ; et de fait elle a, depuis un demi-siècle, ouvert à la psychologie un domaine tout nouveau, l'étude psycho-physique des sensations, ou établi sur des fondements solides telle partie de la science jusqu'alors négligée ou mal connue, faute d'une méthode scientifique de recherches. Nous lui devons la théorie complète des sensations, étudiées non seulement dans leur mesure par le psycho-physicien, mais encore dans leurs degrés, leurs qualités et leurs combinaisons avec le secours de la physiologie. Elle a contribué en outre, pour sa large part, à la théorie encore incomplète de la perception des sens, que nul n'oserait sans doute aborder de nos jours sans demander à la physiologie la connaissance approfondie des fonctions sensorielles. Rappelons enfin la vive lumière jetée sur la conscience elle-même et ses opérations par l'étude physiologique des fonctions centrales et des réactions de toute sorte qui s'ensuivent dans l'organisme.

La psycho-physiologie est devenue, en un mot, entre les mains de Weber, de Helmholtz et de Wundt, la science presque achevée des antécédents et conséquents physiques de la vie mentale ; elle est la science du mécanisme qui en est le support ou même, si l'on veut, la condition perpétuelle et indispensable.

III

LA VRAIE MÉTHODE PSYCHOLOGIQUE, A LA FOIS INTHOSPECTIVE ET EXPÉRIMENTALE.

Est-ce à dire qu'elle soit appelée à supplanter l'ancienne psychologie, et qu'elle ait vraiment, comme elle s'en

vante, relégué au second plan l'antique méthode *introspective* et *subjective*, pour pousser au premier les méthodes
nouvelles, dites *objectives* ou, d'un mot barbare, *soma-
tiques* ? Est-il vrai enfin qu'on ait jusqu'à elle méconnu
l'objet de la psychologie, et que la première elle en
ait posé, puis résolu, les véritables problèmes ?

Nous sommes si loin de le penser que, selon nous, ni
les méthodes que nous venons de décrire, ni la psycho-
physiologie qui les emploie, n'auraient accès dans le
domaine de la psychologie sans la présence cachée, mais
constante, de la méthode introspective, et sans la nature
originale du fait psychique, dont la psycho-physiologie,
sans l'atteindre jamais, explore seulement les circons-
tances et les conditions physiques.

Et d'abord, sans l'usage perpétuel de l'introspection,
nous soutenons qu'elle serait sans objet et serait incapable de se constituer. Il est bon de rappeler, en effet,
qu'après tout c'est le fait psychique qu'il s'agit d'expliquer ; or, soit qu'on s'efforce d'y porter la mesure,
comme le psycho-physicien, soit qu'on en poursuive,
dans le système nerveux, les antécédents mécaniques,
isolés ou réunis, il nous paraît qu'on oublie trop souvent
le rôle prépondérant, dans toutes ces recherches, de
l'observation interne. Et pourtant, quand l'œil de l'observateur est fixé sur le photomètre, dans l'étude psycho-
physique des sensations lumineuses, et quand il lit sur
des échelles graduées l'intensité de l'excitant physique,
n'est-il pas évident qu'il n'atteint qu'une partie des éléments de l'expérience ? il en est une autre, qui ne saurait être négligeable, puisqu'elle est bien plutôt l'essentiel, à savoir la sensation lumineuse elle-même ; or ne
faut-il point aussi que quelqu'un l'observe, qu'il en épie
l'apparition ou la disparition, les variations d'intensité
et les différences de toute sorte ? et que signifieraient les

mesures des conditions physiques, si la conscience du
patient n'en suivait point scrupuleusement l'effet mental ?
Donc la psycho-physique fait concourir à l'expérience
une double observation, l'observation physique de l'expérimentateur, l'observation psychologique du sujet
soumis à l'expérience ; et la première ne conduirait à
rien sans l'existence et le contrôle perpétuel de l'autre.

La même conclusion, pour qui prend garde aux procédés psycho-physiologiques, ne manque pas de s'imposer ; quand l'opérateur ampute les hémisphères cérébraux d'un animal, ou qu'il sectionne un tronc nerveux,
quand surtout le psychologue suit la lente dissociation
des éléments d'une faculté mentale sous l'action de la
maladie, c'est, en dernière analyse, au sens intime qu'il
demande l'interprétation des troubles psychiques et le
souvenir des sensations, des émotions ou des idées, dont
il n'a sous les yeux, chez le patient, que les signes.

Point de psychologie, dès lors, physiologique ou autre,
qui n'ait à sa racine l'observation introspective et ne
doive s'y référer, comme à son origine et à son principe.

Le psycho-physiologiste pourrait répondre, il est vrai,
qu'il ne dédaigne aucune observation, et qu'à ce titre il
n'a point à refuser l'accès de sa méthode à l'introspection. Ce qu'il soutient seulement, c'est que, une fois
faites les constatations des phénomènes, il reste à les
expliquer, et qu'on n'y saurait réussir scientifiquement
sans un recours à la physiologie et aux procédés qu'elle
emploie. Pas de science, répète-t-il volontiers, qui ne soit
expérimentale ; et pas de psychologie *expérimentale* qui
ne soit *physiologique*.

Mais à notre tour nous disons : point d'étude psychologique, partant point de *psycho*-physique ni de *psycho*-
physiologie qui ne relève de la *conscience* et qui par là
ne se surbordonne à la science des faits psychiques étu-

diés en eux-mêmes et de leurs lois originales, c'est-
à-dire à la psychologie introspective, la seule qui mérite
ce nom. Tout le reste en est l'accessoire, l'auxiliaire, ou
la partie ; elle seule est le tout et l'essentiel. On ne saurait, en effet, trop remarquer que les méthodes empruntées plus ou moins directement aux sciences physiques
ou biologiques livrent sans doute à notre connaissance
quelque chose du phénomène psychique : elles nous en
donnent l'antécédent ou les antécédents physiques,
qu'elles analysent souvent avec une précision extrême, et
que parfois même elles mesurent ; elles nous renseignent
aussi sur les faits physiologiques concomitants des faits
psychiques, et sur les réactions de tout genre qu'ils sont
capables de provoquer. Mais si elles voient du dehors
quelques-unes des conditions très réelles des sensations
ou les conséquences motrices non moins certaines du
travail mental, encore ne savent-elles rien de ce dernier,
ni des relations plus profondes que présentent entre eux
les phénomènes psychiques. Soit par exemple une *sensation* de son qui apparaît dans la conscience ; sans doute
on sait de science certaine les voies nerveuses qu'elle a
suivies, les raisons de son intensité ou de ses qualités de
timbre et de hauteur, etc., etc. ; et rien de scientifique
n'étant négligeable, nous soutenons volontiers que le
psychologue n'a le droit d'ignorer aucune des conditions
du phénomène psychique. Mais la sensation de son est
pourtant autre chose encore, disons même, est surtout
autre chose : n'est-ce donc rien qu'elle soit agréable ou
pénible, ou qu'elle ait été, par une convention, adoptée
comme un signe ? n'est-ce rien que, grâce à ces caractères éminemment psychiques, elle évoque du fond de la
conscience, dès qu'elle y apparaît, une foule d'images,
d'idées, de sentiments, auxquels la lient d'intimes rapports ? n'est-ce rien enfin d'intéressant pour la science

que les actions et réactions des faits psychiques les uns
sur les autres, actions et réactions qui constituent la
perception, la conception, l'abstraction, le jugement, le
sentiment, la volonté, actions et réactions enfin qui ne
découlent nullement, en tant que telles, des conditions
physiques du fait introduit dans la conscience, mais des
qualités représentatives qu'il y a revêtues, de ses affinités mentales, et de son essence même ? Là est l'objet
spécial, l'objet définitif de la psychologie ; là sont les
phénomènes, les lois vraiment psychologiques qu'elle
doit étudier ; et si, comme on l'a dit, la *loi physiologique*
règle parfois dans la conscience la *succession* des phénomènes, elle de qui dépend l'apparition des sensations,
elle n'est du moins qu'une règle *extérieure* et n'introduit
dans la représentation qu'un ordre *accidentel* ; mais il
est entre nos états de conscience d'autres rapports
intimes, d'autres affinités qui réalisent en eux un ordre
autrement profond que la pure succession : cet ordre,
c'est la *loi psychologique* qui le règle et qui l'explique ; et
c'est à dégager la *loi psychologique* que doivent tendre,
en définitive, tous les efforts du psychologue.

Or, pour y réussir, il n'est qu'un procédé d'observation et qu'une méthode : l'observation par la conscience
et la méthode introspective. Que le fait psychique n'apparaisse qu'à la conscience, nous l'avons déjà, et à plusieurs
reprises, suffisamment montré ; mais que l'introspection
offre au psychologue, dans les recherches qui lui sont
propres, tous les éléments et toutes les ressources de la
méthode expérimentale, c'est ce que nous nous proposons à présent d'établir.

Lorsque les physiologistes, comme Wundt, reprochent
à la psychologie pure l'impossibilité où elle serait de
faire des expériences, et par cela même de devenir une
science, comme le sont les sciences naturelles, c'est,

selon nous, qu'ils se méprennent sur le vrai sens et sur la
vraie nature de l'expérimentation. Sans doute il est bien
vrai que d'ordinaire, en physique par exemple ou en
chimie, on a, quand on expérimente, les phénomènes en
son pouvoir, et qu'on les produit, qu'on les supprime ou
qu'on les fait varier à son gré de toutes les manières; il
est même vrai que ce pouvoir est tenu par le vulgaire et
par Bacon lui-même comme le signe le plus sûr et comme
la condition de toute expérience. Mais faut-il donc rappeler qu'on a depuis longtemps, grâce surtout à Claude
Bernard, fait justice de cette opinion? Expérimenter, ce
n'est pas tant intervenir dans la production des faits
que ce n'est surprendre, parmi des faits n'importe comment donnés, un arrangement, une disposition qui soient
la preuve manifeste d'une loi de la nature. L'esprit humain est ainsi fait que l'observation pure et simple des
phénomènes, qu'il les ait ou non provoqués, ne le conduit jamais qu'à *deviner*, qu'à *inventer* entre eux des
liaisons, des rapports constants, un ordre, dont la formule, si elle était vérifiée, serait une loi de la nature.
En attendant, la formule ainsi anticipée, ainsi préconçue,
est, avant la vérification, l'*hypothèse*. Et pour la vérifier,
il faut que l'esprit s'y applique, qu'il la développe en
tous les sens possibles, qu'il en *déduise*, en faisant appel
à toutes les ressources de sa pénétration, les conséquences
nécessaires; alors vient le moment de consulter la nature
pour apprendre d'elle si les conséquences déduites de
l'hypothèse sont *vraies ou fausses*, et si dès lors l'hypothèse qui les a fait prévoir est démentie ou confirmée par
la réalité. Qu'importe donc que le démenti ou la confir-
mation viennent de faits provoqués par nous-mêmes, ou
mis par la nature simplement sous nos yeux? Le moment
essentiel de la méthode n'est pas là; il est dans la *prévision* et dans la *vérification*; et ce n'est point l'activité

de la *main*, mais l'activité de l'*esprit* inventeur qui fait l'expérimentation.

Lorsque Newton voulut établir par l'expérience la loi de la gravitation, on se souvient qu'il fit d'abord cette *hypothèse*, que les planètes doivent tomber sur le soleil d'après la même loi que les corps pesants sur la surface de la terre; mais comment le prouver? par un exemple, expressif entre tous, par l'exemple de la lune, dont tous les mouvements, si l'hypothèse était vraie, devaient se déduire de la supposition qu'elle tombe sur la terre. Et Newton, dans son cabinet, se mit à traiter ce problème infiniment délicat et compliqué, pour en comparer ensuite les résultats à la réalité. Or, quand la solution fut trouvée, il arriva qu'elle ne fut point d'accord avec les phénomènes. Newton, désappointé, n'y pensa plus. Quelques années plus tard, l'Académie des sciences de Paris faisait mesurer avec précision par Fernel un degré du méridien terrestre. Quand cette mesure fut publiée, Newton poussa un cri de joie; il avait eu besoin, pour son étude des mouvements de la lune, de la longueur du méridien terrestre, qu'il avait prise fausse dans un vieux traité anglais de géographie; la mesure rectifiée rendait la solution rigoureusement exacte. Ainsi la vérification de l'hypothèse était ici d'autant plus frappante, que le calcul, avec une fausse donnée, dont on ignorait d'ailleurs la fausseté, avait reçu des faits un démenti formel, mais qu'une circonstance imprévue, en rectifiant l'erreur, avait merveilleusement mis d'accord la solution du géomètre et la réalité. Qu'on ne dise donc point que l'expérimentation consiste dans la production des faits par la main de l'opérateur, mais dans la vérification éclatante et certaine de l'idée préconçue par l'esprit.

S'il en est ainsi, l'expérimentation devient possible dans une foule de sciences d'où l'ancienne définition

qu'on en donnait l'eût exclue : par exemple en astronomie, quand l'observateur ne promène point au hasard
sa lunette dans le ciel sans prévoir d'avance ce qu'il y
verra, mais quand le calcul a déterminé avec précision
la position qu'elle doit avoir à un instant donné pour
être en face de telle étoile ou de telle planète; par
exemple encore en histoire, où tous les faits pourtant
sont déjà passés, où nulle intervention du savant n'est
possible, et où pourtant l'expérimentation, dans ce
qu'elle a d'essentiel, se présente, puisqu'on y fait des
hypothèses, et qu'au moyen de documents nouveaux ou
mieux interprétés, on se met en mesure de les vérifier.

Pourquoi, dès lors, la psychologie ne serait-elle point,
autrement que la physique sans doute, mais au même
titre que l'histoire, une science expérimentale? L'objection d'ordinaire élevée contre elle, que le psychologue a
sur ses propres phénomènes trop d'action, et qu'il est
exposé à les arranger, malgré lui, pour faire la preuve
de ses hypothèses, doit certainement nous mettre en
garde contre les vérifications hâtives et trompeuses,
mais tomberait, croyons-nous, devant une méthode
prudente et scientifique. Ainsi il serait chimérique d'entreprendre sur telle émotion de l'âme humaine, sur la
colère, par exemple, des expériences rigoureuses : d'abord
on n'éveille point à son gré un tel sentiment en soi-
même; puis, y réussit-on, qu'on courrait le risque de
provoquer une colère de commande, artificielle et fausse;
enfin si la présence d'esprit du psychologue lui permet-
tait, quand il a pour de bon un accès de colère, de revenir tout d'un coup sur soi-même et de s'observer, il
est trop clair que l'émotion céderait la place à l'observation et que l'objet disparaîtrait quand le sujet serait
prêt à le saisir

Supposons donc. ce qui n'est peut-être pas absolument

vrai, que toute expérience directe tentée sur soi-même
soit condamnée d'avance; encore n'est-ce pas la preuve
qu'il n'y ait nul moyen d'expérimenter en psychologie.
La découverte d'une loi a, en effet, répétons-le, trois
moments essentiels : 1° l'*invention de l'hypothèse*, ou
anticipation de la loi; 2° la *déduction*, qui tire de l'hypothèse les conséquences qu'elle aurait, si elle était la loi;
3° enfin la *vérification*, ou la confrontation des conséquences de l'hypothèse avec les faits de la réalité, pour
éprouver l'invention de l'esprit. Ces trois moments se
retrouvent chez Newton, dans l'exemple cité plus haut,
comme chez le physicien; chez l'astronome et l'historien comme chez le physiologiste. L'intervention du savant dans la production des faits n'est donc que l'accessoire; l'hypothèse développée par l'esprit et vérifiée par
la nature est le fond même de l'induction.

Comment contester alors au psychologue le droit d'expérimenter à son tour? Est-il donc impossible qu'il
trouve dans l'introspection les éléments d'hypothèses
excellentes? Et Aristote ne faisait-il point une hypothèse
excellente quand il soutenait que le plaisir est l'achève-
ment de l'acte, et que la douleur en accompagne la pri-
vation ou la difficulté? Plus d'un physiologiste moderne,
en tout cas, n'a pas trouvé d'explication meilleure; et si
les recherches sur la tension des muscles et sur la *dyna-
mogénie* ont fourni récemment une preuve de plus à la
théorie péripatéticienne du plaisir, encore n'ont-elles
rien découvert que l'introspection n'ait trouvé avant
elles! Autant en dirions-nous de l'habitude, des lois de
la volonté, de la mémoire, et à plus forte raison des lois
de l'imagination et de la connaissance.

Une fois l'hypothèse inventée, l'œuvre de la déduction
commence, œuvre de perspicacité et de pénétration,
œuvre d'invention et de génie, dirions-nous volontiers,

au même titre que l'hypothèse. Déduire en effet de celle-ci les conséquences qu'elle renferme, c'est lui prêter, au moins pour un instant, la réalité de la loi, c'est développer, dans tous les sens, les conditions et les formes qu'elle imposerait aux faits, si elle était la loi. Aussi faut-il à l'esprit toutes ses ressources pour fouiller l'hypothèse, pour élever contre elle toutes les difficultés et toutes les objections, et pour l'en faire triompher. On ne met pas directement en présence des faits l'hypothèse toute nue ; on n'y met que les conséquences qu'elle fait prévoir et qu'elle prédétermine ; et si, pour retourner un mot célèbre, prévoir c'est savoir, si surtout la prévision, appuyée sur l'hypothèse, s'est trouvée en mesure de suivre d'avance la réalité jusque dans ses détails, n'est-il pas vrai que l'hypothèse va sortir victorieuse et des conflits qu'elle a suscités et des épreuves qu'on a tentées sur elle ? Ainsi faisait Newton en calculant les mouvements de la lune, Pascal en prévoyant l'expérience célèbre du crève-tonneau, l'historien en construisant, d'après quelques données, une époque importante de l'histoire. Ainsi doit faire, comme eux, le psychologue, pour préparer la preuve des hypothèses qui lui sont propres.

Aussi combien on aurait tort de reprocher à la psychologie d'avoir été ou d'être restée *déductive* : sans doute elle a pu raisonner sans fin sur des notions vides, sur des facultés qui n'étaient que des abstractions, sur l'essence et les destinées de l'âme, en dehors de toute expérience et de toute science ; mais elle a déduit aussi, en des raisonnements rigoureux, les caractères qu'on devait retrouver dans la connaissance humaine, s'il était vrai qu'il y eût en elle des éléments *à priori* ; et les écoles adverses, pour trancher le débat, ne font encore de nos jours que chercher si ces caractères se vérifient ou non. De même on a déduit ou on déduira d'hypothèses, pour

en faire des lois, les conditions de la perception, de
l'habitude, du souvenir, du rêve, qu'il s'agira ensuite de
contrôler en les cherchant dans la réalité. Mais alors si
l'hypothèse et la déduction qu'on y applique ensuite
sont l'âme de toute science expérimentale, comment
nier qu'on les retrouve dans le domaine de la psychologie, ou comment demander qu'on les en exclue?

Il ne reste plus à présent qu'à savoir si, faute de vérification, les hypothèses du psychologue resteront chimé-
riques et ses déductions vaines. Mais on se demande,
en vérité, pourquoi il en serait ainsi. Cela ne manquerait
point d'arriver, sans doute, si l'observateur, par une
maladresse singulière, allait prendre pour preuves les
faits psychiques provoqués par la présence même dans
son esprit de l'hypothèse et de la déduction; mais n'y
a-t-il donc nulle part, dans le champ de son expérience
intime, des phénomènes déjà fixés, déjà déterminés par
les lois mêmes de sa vie mentale, et sur lesquels son
hypothèse n'ait jamais eu de prise? Reconnaissons encore
l'extrême mobilité, dans le présent, des phénomènes
psychiques, l'influence extrême de l'idée préconçue et
de la volonté sur l'arrangement et sur les caractères des
sensations, des émotions et des idées qui vont suivre.
Mais le passé, mais le nombre infini des faits qui s'y sont
produits en nous, et, pour ainsi dire, sans nous, ne sont-
ils point immuables? Et qu'importe, pour vérifier une
hypothèse, la place d'un fait décisif dans la durée, pourvu
qu'il ne doive pas son existence à l'hypothèse, ou que
l'hypothèse ne lui doive point la sienne? C'est donc dans
le passé que le psychologue, comme l'historien, doit
chercher ses vérifications et ses preuves; c'est sa mémoire, cette conscience du passé, cette science des faits
immodifiables et définis, qu'il doit consulter, plutôt que
sa conscience présente, troublée par l'attente et les

soucis de la recherche. Et la mémoire est encore, en ce sens, un regard jeté sur soi-même, une *introspection*; elle ne livre, en tout cas, au psychologue, pour contrôler une hypothèse, que des éléments empruntés à la vie mentale, et elle devient ainsi l'instrument par excellence de l'*expérimentation psychologique*.

D'ailleurs, s'il est bien établi que, pour instituer celle-ci, il n'importe guère où l'on aille prendre les données de la vérification, pourvu que la vérification soit certaine, on peut ajouter que ces données ne sont pas près de faire défaut au psychologue; car, même en supposant qu'il doive les emprunter d'abord à ses souvenirs et à son expérience personnels, comment oublierait-on, à notre époque, toutes celles que lui fournit la vie mentale des autres hommes, manifestée dans leur histoire, dans leurs biographies, dans leur littérature, dans leurs actes, et jusque dans leurs maladies et dans leurs crimes?

Puis, si la psychologie n'est pas seulement la science de l'homme adulte, mais celle de la vie mentale à tous ses degrés, et si d'ailleurs les phénomènes complexes s'expliquent d'autant mieux qu'on en connaît les formes les plus simples, l'étude de l'animal, de l'enfant, du sauvage, ouvrent au psychologue un champ de recherches illimité en lui offrant des vérifications sans nombre pour ses hypothèses.

Enfin les langues, ces instruments si souples qui reflètent les nuances les plus fugitives aussi bien que les lois les plus constantes de notre pensée, offrent au psychologue, en des formes définitives et précises, la vie mentale elle-même, avec toutes ses lois et tous ses caractères. Et ce n'est point à en surprendre les accidents dans des locutions de détail ou des étymologies douteuses que nous devons épuiser nos efforts, mais à en retrouver les lois fondamentales sous celles qui président à l'évolution des formes grammaticales et à la vie des mots.

On parle souvent à notre époque de la psychologie humaine, de la psychologie animale, sociale, criminelle, etc., comme de psychologies multiples. Il n'y a pourtant qu'une psychologie, science des faits psychiques, comme il n'y a qu'une physiologie, science des fonctions des tissus vivants. Seulement, comme on vient de le voir, pour faire la théorie d'une fonction mentale, ce n'est pas assez que d'en étudier les conditions et les antécédents biologiques, ou que d'emprunter au sens intime les éléments d'une hypothèse; il reste encore à vérifier cette dernière en demandant à toutes les manifestations de la vie psychique, dans l'enfant, dans le criminel, et partout où on les rencontre, l'épreuve dont elle a besoin. Ainsi la psychologie pure reste le centre de toutes les psychologies particulières : en elle seulement trouvent leur terme naturel la psycho-physique et la psycho-physiologie; tout autour d'elle se groupent, pour la fortifier et non pour la détruire, la psychologie comparée et toutes les psychologies spéciales, dont elle est l'âme et dont elle est le lien. Mais à son tour, une comme l'*introspection* sur laquelle elle s'appuie, elle se retrouve, en cherchant à multiplier ses preuves et en se faisant *expérimentale*, sous la multitude des sciences fragmentaires qui lui prennent son nom et qui n'ont, après tout, de vie ni de sens qu'en elle et que par elle.

Bibliographie.

— Ribot, les deux introductions à *la Psychologie anglaise contemporaine* et à *la Psychologie allemande contemporaine*.
— Wundt, *op. cit.*, introduction et *passim*.
— Lange, *op. cit.*, t. II, part. III, ch. III; et p. 672, note 43.
— St. Mill, *Logique inductive et déductive*, chapitre consacré à la *Méthode des sciences morales*.
— Maudsley, *op. cit.*, et *Pathologie de l'esprit*.
— Delbœuf, *la Psychologie comme science naturelle*.

- G. Séailles, *les Méthodes psychologiques* (*Revue philosophique*, XIII).
— H. Lachelier, *les Lois psychologiques dans l'école de Wundt*, ibid., XIX.
— Espinas, *la Philosophie en Écosse*, ibid., XI et XII.
— Paulhan, *l'Associationnisme et la synthèse psychique*, ibid., XXV.
— J. Lachelier, *Article cité*, ibid., XIX.
— Cl. Bernard, *Introduction à l'étude de la médecine expérimentale*.
— V. Egger, *la Parole intérieure*, passim.
— Ch. Richet, *l'Homme et l'intelligence*.
— Pierre Janet, *l'Automatisme psychologique*.

CHAPITRE IV

CLASSIFICATION DES FAITS PSYCHOLOGIQUES. — PLAN GÉNÉRAL D'UNE ÉTUDE SCIENTIFIQUE DE LA PSYCHOLOGIE.

Ce n'est pas assez, pour entreprendre l'étude méthodique de la psychologie, que d'en avoir nettement défini l'objet et le caractère, et que d'avoir essayé de montrer qu'elle est en possession d'un procédé scientifique de recherches; il faut en outre, au moment d'aborder un monde de faits prodigieusement complexes et divers, jeter sur eux un coup d'œil d'ensemble et tâcher d'en saisir les traits les plus saillants et les espèces principales. On s'exposerait autrement à des tâtonnements sans fin et à des recherches de hasard; et l'esprit de la science exige qu'on étudie d'abord les faits les plus élémentaires et les plus simples, ceux qu'on pourrait appeler les *données* de la vie psychique, pour en suivre à mesure les relations et les combinaisons.

Il n'y a pas d'ailleurs à se dissimuler que ce premier effort pour acquérir des phénomènes une connaissance anticipée suppose déjà faite ou du moins ébauchée la science qu'il s'agit de construire. Rien n'est plus simple en apparence que de discerner, dans la masse des faits, les faits élémentaires; mais, en réalité, rien n'est plus difficile, si l'analyse et la science achevée n'ont, en définitive, point d'autre objet que de déterminer les véritables éléments des touts offerts à notre observation et que d'en suivre avec ordre et méthode les arrangements et la disposition.

Disons pourtant que la difficulté n'est pas si grande qu'elle le paraît d'abord et qu'elle ne résiste pas à un examen attentif. Il arrive, en effet, à toute science quelle qu'elle soit, de commencer par où elle doit finir, à savoir par la synthèse ; mais il n'y a à cela nulle contradiction, par la raison que la synthèse initiale ne ressemble nullement à la synthèse finale : celle-ci, pourrait-on dire, appuyée sur l'analyse complète et absolue des faits, qu'elle reconstitue avec leurs éléments, est la synthèse parfaite, l'idée claire et distincte de Descartes et de Leibnitz ; l'autre, au contraire, est une synthèse encore obscure et confuse, par laquelle il faut bien pourtant que la science commence, s'il n'y a point d'étude possible de ce dont on n'a nulle idée. Avant de diriger son microscope sur les parties élémentaires des tissus organiques, pour surprendre dans les secrets de sa composition la vie de la cellule et dans l'association des cellules vivantes celle de l'organisme, l'histologiste a soin de prendre une connaissance anticipée des différents tissus et de lui demander des idées directrices ; il sait les fonctions générales du système nerveux avant de tenter l'analyse des cellules et des fibres et d'en faire la synthèse. De même le psychologue risquerait de s'égarer dans le dédale des faits s'il n'avait fait d'avance l'étude synthétique des phénomènes psychiques pour régler les étapes des analyses futures et des synthèses définitives. Les travaux de ses devanciers, bien loin d'être perdus, donnent ainsi à ses travaux une première direction ; et la science progresse en marchant des synthèses antérieurement tentées aux synthèses de plus en plus parfaites que rendent possibles les analyses nouvelles.

Telle est, à notre avis, la raison profonde, commune à

toutes les sciences d'observation, qui leur fait entreprendre avant toute recherche la classification des phénomènes dont elles font leur objet. A première vue, c'est commencer encore une fois par où il semble qu'on devrait finir, et par où finit, par exemple, l'histoire naturelle. On pourrait, en tout cas, faire un reproche à la psychologie de s'attarder sans fin à des questions préliminaires, telles que la discussion de la validité du phénomène psychique, des méthodes qui l'étudient, et des divisions qu'on prétend tout d'abord lui imposer. Les autres sciences, semble-t-il, ne sont point si préoccupées de plaider l'indépendance, voire même l'existence de leur objet, remarque qui tendrait à nous faire penser qu'elles n'en sont point, comme la psychologie, toujours inquiètes. Elles n'en font point non plus d'étude avant l'étude, de classification avant l'observation et la description ; la physique aborde d'emblée les phénomènes de pesanteur, puis la chaleur, puis l'électricité, etc., sans avoir pris la peine de partager l'ensemble des faits en des classes précises ; de même la chimie minérale, qui étudie progressivement tous les métalloïdes et les métaux ; de même encore la physiologie et les sciences naturelles.

Mais, il n'y a là, répondrions-nous volontiers, qu'un défaut de méthode ; et, par exemple, pour ne prendre que la physique, serait-ce nuire à l'exactitude de ses recherches, ne serait-ce pas au contraire donner à la conception de cette science une clarté dont elle manque encore, que de déterminer l'essence du phénomène physique et que de dire par quel endroit la gravitation, la chaleur, l'électricité, le son et la lumière constituent un ensemble de faits homogènes et connexes, nettement distincts des faits de la nature chimique ? Peut-être ont-ils entre eux cette ressemblance intime d'être de simples modes du mouvement moléculaire, abstraction faite de la nature qualitative des masses en mouvement, tandis qu'en chimie l'affinité variable avec les corps modifie profondément les relations mécaniques ordinaires? Mais alors qu'on le dise! qu'une étude préliminaire caractérise les faits! et qu'on montre pourquoi cinq classes de phénomènes, au premier abord si différents et si peu comparables, présentent une unité qui justifie l'existence d'*une* physique, quand la physique actuelle n'apparaît guère que comme le rapprochement de *cinq* physiques distinctes !

En résumé, pour la clarté du concept de chaque science et dans l'intérêt même de la sûreté des recherches, nous voudrions qu'elles fassent toutes, comme la psychologie, la revue de leurs titres, de leurs objets, de leurs limites et de leur nature ; et en tout cas nous demandons au moins pour la psychologie le droit de faire ce qu'elle a fait toujours, d'ordonner à l'avance ses recherches futures par une vue d'ensemble des traits les plus saillants des phénomènes psychiques et des grandes lois de leur développement.

I

LA CLASSIFICATION DES PHÉNOMÈNES PSYCHIQUES ET LA DOCTRINE DES FACULTÉS DE L'AME.

A ce premier résultat la psychologie est généralement arrivée, dans le passé, par voie de description et d'énumération. La méthode ordinaire consistait à observer et à relever le plus grand nombre possible des phénomènes de conscience qui se produisent, par exemple, dans le cours d'une journée ; ou bien encore, pour restreindre l'action du hasard et pour obliger l'activité mentale, par l'intervention d'une idée directrice, à mettre en œuvre toutes ses puissances et à produire tous les phénomènes dont elle est capable, on en suivait le déroulement dans le cours d'une occupation déterminée et complexe, comme la lecture d'un récit émouvant, la composition d'une page de prose, la solution d'un problème, etc., etc. On n'avait plus ensuite qu'à noter au passage les états multiples de la conscience pendant toute la durée de l'observation, à les comparer entre eux, et, quand ils se ressemblaient, à les faire rentrer dans la même classe, ou, quand ils différaient, dans des classes distinctes.

Supposons, pour prendre nous-même un exemple, qu'un écolier ait à résoudre un problème de géométrie ; le premier état par lequel il passe est fait tout à la fois de désir et de crainte, du désir de réussir parce qu'il entrevoit le contentement de l'effort satisfait et les compliments de son maître, mais aussi de la crainte de l'effort à tenter, de l'insuccès possible et de la punition ; désir et crainte, enveloppant plaisir et peine, aboutissent d'ailleurs à l'éveil de l'effort, à l'activité commençante, et, d'un seul mot, à la tendance. Dans ces dispositions d'esprit, notre écolier se met à son problème ; il en lit l'énoncé, perçoit des mots et conçoit des idées, rassemble les données dont il voit les rapports, et par des déductions s'efforce de trouver la relation du problème à des propositions déjà connues et déjà démontrées ; il entrevoit enfin dans la figure la possibilité d'unir deux points par une droite qui fait ressortir la relation cherchée, et l'idée de l'esprit se traduit aussitôt par une action motrice, par un mouvement des doigts qui tracent la droite imaginée ; la joie de la découverte anime les battements du pouls, colore les joues du jeune chercheur, précipite ses idées ; la démonstration s'achève dans un dernier effort, et le problème est rédigé tout au long pour être présenté en classe.

Si nous revenons à présent sur le cycle complet des phénomènes que nous avons relevés, qu'y trouvons-nous ? des *émotions*, des sentiments de *joie*, de *plaisir* ou de *peine* qui présentent tous ce caractère commun d'être *agréables* ou *pénibles*, ou, comme disent les psychologues, **affectifs**; puis des *perceptions* de mots lus, des *souvenirs* de leurs significations, de propositions géométriques antérieurement apprises, des *concepts*, des *rapports*, des *jugements*, des *raisonnements*, ou, en un mot, des faits **intellectuels**; enfin des *aspirations* ou des *aversions*, des *tendances à l'action*, auxquelles succèdent des *efforts* réels, des *volitions*, des *actions motrices* pour tracer les lignes et rédiger les solutions, tous phénomènes qui se ressemblent en ce qu'ils sont des *actes* ou des faits **volontaires**. Tout bien compté, nous aboutissons donc à trois grandes classes de faits : faits affectifs ou *sensibles*, faits cognitifs ou *intellectuels*, faits volitionnels ou *volon-taires*, ou bien encore, si nous trouvons plus commode de dénommer chaque classe par un substantif : **sensibi-lité, — intelligence, — et volonté**.

Ce procédé, qui rappelle les raisonnements épago-giques (τοὺς ἐπακτικοὺς λόγους — induction) et les défini-tions (τοὺς ὅρους) de la méthode socratique, a certainement une valeur, puisqu'en s'en servant d'une manière à peu près exclusive les psychologues sont presque toujours tombés de notre temps sur la division trichotomique que nous venons de rappeler.

Avant l'époque de Rousseau et de Kant, il en était tout autrement, et les écoles diverses ne reconnaissaient guère, à la suite de Platon et d'Aristote, que deux puis-sances de l'âme, l'une, inférieure, la *sensation* (αἴσθησις) à laquelle se rattachaient les appétits et le plaisir, l'autre,

supérieure, la *raison* (νοῦς), pensée pure et contemplative
qui tenait tout à la fois sous sa dépendance la pensée dis-
cursive et l'activité de la partie irraisonnable de l'âme [1].
La sensation d'ailleurs était encore une forme de la connaissance, forme inférieure il est vrai et imparfaite, en
sorte que pour ces philosophes l'intelligence primait
les faits sensibles et volontaires et allait même jusqu'à
les éclipser. La division d'Aristote se retrouve dans
Bossuet, qui partageait l'esprit entre les sens et l'entendement.

Avec Descartes, la *volonté* négligée par les psychologies antérieures, prend à côté de l'*entendement* une place
prépondérante, qu'elle doit au pouvoir d'affirmer et de
juger. L'école de Leibnitz et de Wolf consacre cette vue
et la développe en donnant aux monades, et notamment
à l'âme, les pouvoirs essentiels de la *perception* (connaissance confuse, qui, en devenant distincte, devient l'*aperception*), et de l'*appétition* (désir et aversion, effort pour
changer, *vouloir*).

Jusqu'au xviiie siècle, les phénomènes affectifs res-

---

1. Nous n'oublions pas que Platon admettait l'existence de trois
parties différentes de l'âme, la première, inférieure et logée dans
le ventre, qu'il appelait τὸ ἐπιθυμητικόν, ou la partie concupiscente ;
la deuxième, ὁ θυμός, partie irascible, siège des passions et des nobles
mouvements de l'âme, localisée dans le thorax ; la troisième enfin,
ou le νοῦς, ayant son siège dans la tête. — D'une manière analogue,
Aristote, faisant de l'âme humaine le *lieu de toutes les formes,* y voyait
l'âme nutritive de la plante, l'âme sentante de l'animal, et la raison
essentielle à l'homme. Mais lorsqu'ils énonçaient ces doctrines, les
deux philosophes grecs étaient bien plus préoccupés de déterminer
trois moments différents, trois étages, si l'on peut ainsi dire, de l'existence humaine, en un mot *trois vies* (la vie de l'artisan, du guerrier
et du philosophe, dans la *République* de Platon ; la vie végétative,
la vie animale, et la vie humaine, qui se partage elle-même en vie
politique et vie divine, dans le *Traité de l'âme* et l'*Éthique à Nicomaque*) que de définir les principaux phénomènes psychiques. —
Quand ils abordent ce dernier problème, ils ne distinguent vraiment
que la connaissance sensible et la connaissance rationnelle.

tent donc au second plan, comme des accidents qui
se rattachent tantôt à nos actions, qu'ils achèvent et
complètent (Aristote), tantôt aux opérations de notre
intelligence ; et c'est sans aucun doute à l'influence de
Rousseau qu'ils doivent d'avoir été mis enfin au même
rang que les faits intellectuels et volontaires. En sépa-
rant nettement la sensibilité de l'entendement[1], Kant
allait consacrer ce résultat; et l'on peut dire qu'au
XIXᵉ siècle les classifications des faits psychiques sont
unanimes à reconnaître la triple division des faits sensibles, intellectuels et volontaires.

La méthode que nous avons exposée plus haut est
pourtant loin d'être à l'abri de tout reproche. Son principal défaut consiste, à notre avis, dans le caractère
radicalement empirique des résultats auxquels elle conduit. Ce n'est pas tout en effet que de classer des faits,
ni même de les classer avec exactitude : l'exactitude
dont on ne sait pas les raisons est une exactitude obscure,
qui pourrait être fausse, et qui partant ne vaut guère
mieux que son contraire ; on ne peut s'empêcher de
dire de la classification traditionnelle ce que Platon disait de la rhétorique, qu'elle peut être *probable* et par une
heureuse chance rencontrer la vérité, mais qu'à coup
sûr, à moins d'être fondée sur la science, elle ne peut être
vraie. Non qu'on ait rien négligé cependant pour la
rendre rigoureuse : on a pris au contraire des précautions
louables pour démontrer, conformément aux règles de la

---

1. La sensibilité, dans la *Critique de la raison pure*, est encore une
faculté de connaissance ; elle subit, sous forme de sensation, l'action
obscure et indéterminable de la *chose en soi*; mais elle est aussi la
faculté du *sentiment* et enveloppe l'affectivité, puisqu'en elle doit
mettre une règle et introduire un ordre la *faculté du jugement*,
comme dans la *sensation* introduisent des déterminations les *catégories de l'entendement*. Kant a donc fait dans sa psychologie, sous
l'influence de Rousseau, une place au sentiment ou, ce qui revient
au même, aux phénomènes affectifs.

logique, qu'elle est complète avec trois classes et qu'on
ne saurait la réduire.

Pour établir qu'elle est complète, on a fait la critique
des théories qui, comme celle de Jouffroy, reconnaissaient, par exemple, six classes de phénomènes psychiques, les faits sensibles, intellectuels, volontaires, expressifs, moteurs, et les inclinations naturelles de l'âme ; et
on a montré que trois d'entre elles se laissaient facilement réduire aux trois autres, à savoir les deux classes
des phénomènes expressifs et moteurs qui rentrent naturellement dans celle des faits volontaires, et les inclinations naturelles de l'âme qui, étant tout à la fois des
tendances et des faits affectifs, reviennent en partie à la
volonté et en partie à la sensibilité.

Pour établir qu'elle est irréductible, on a entrepris
une démonstration en règle. Et d'abord, a-t-on dit, les
phénomènes sensibles, intellectuels et volontaires offrent
des caractères nettement distincts et essentiels : les
faits sensibles, remarquables en ce qu'ils enveloppent
toujours à quelque degré du plaisir ou de la douleur,
sont **subjectifs**, c'est-à-dire limités à la conscience qui
les éprouve et qui les sent, indivisibles, irréfléchis, liés
à l'individu et au sujet, qui, selon le mot de Maine de
Biran [1], se confond en eux et ne s'en distingue point ; les
faits intellectuels, au contraire, sont **objectifs**, en ce
sens que toute idée, tout jugement et tout raisonnement
impliquent la distinction du *sujet* qui connaît et de
l'*objet* connu, la réflexion, la représentation, et l'adhé-
sion possible ou au moins postulée de tous les esprits
aux conclusions et aux jugements vrais ; les faits sensibles, en d'autres termes, sont par essence *individuels*,
tandis que les faits intellectuels sont en eux-mêmes ou

1. Voy. surtout le *Mémoire sur l'habitude,* dans les Œuvres publiées
par Cousin.

tendent à devenir *universels*. Quant aux faits volontaires
ils se distinguent et des uns et des autres en ce qu'ils
sont des *actes* : l'inclination naturelle du jeune animal à
manger ou à gambader, les besoins ou désirs qui s'y
rattachent, les efforts et les mouvements combinés pour
satisfaire ceux-ci, sont tous à quelque degré de l'*activité*
qui se déploie, de l'*énergie* qui passe par tous les moments
intermédiaires entre la forme potentielle et la forme
actuelle ; les phénomènes de volition, en un mot, depuis
la *spontanéité* irréfléchie de la réaction réflexe jusqu'à la
pleine conscience de l'*activité libre*, sont **actifs**, pendant
que les faits sensibles, dans la solidarité qui les unit
brutalement à nos états physiologiques ou même à des
états complexes de notre vie mentale, et les faits intellectuels, liés aux présentations des objets et au développement du travail cérébral, sont sinon *fatals*, comme
on l'a dit avec une exagération évidente, du moins
passifs ; ils sont des modes, des manières d'être, des
états statiques de la conscience, plutôt que des formes
d'une énergie qui se dépense, plutôt que des *états
dynamiques* et que des *actes* véritables.

Ce n'est pas tout : après la distinction des trois classes
de faits psychiques par l'examen direct de leurs caractères, on a montré que, dans leurs développements, non
seulement ils restaient indépendants les uns des autres,
mais qu'encore leurs variations, loin d'être concomi-
tantes, étaient souvent inverses : preuve, a-t-on dit,
qu'ils ne sont pas seulement différents pour notre esprit
qui les compare et qui en note d'une façon abstraite les
différences et les ressemblances, mais qu'ils sont réellement distincts et réellement séparés les uns des autres
puisqu'ils se dissocient et varient d'une manière indépendante dans le jeu de la vie mentale. C'est dans ce
sens qu'on a rappelé les variations inverses des faits

sensibles et des faits intellectuels, quand la perception ne peut être vive et claire qu'aux dépens de l'émotion, ou quand il est manifeste qu'un accès de profonde passion nuit à l'application de notre intelligence ; on a aussi relevé l'action contraire de l'habitude sur la sensation agréable ou pénible qu'elle émousse, et sur l'intelligence qu'elle fortifie et rend plus pénétrante. Quant à la volonté, on s'est généralement contenté de remarquer qu'elle est intermittente, tandis que les états cognitifs et affectifs paraissent être constants ; mais c'était manifestement confondre tous les faits de volonté avec les actes de liberté, au mépris des actes réflexes, instinctifs et habituels ; et mieux valait sur ce point s'en tenir au caractère *dynamique* qui les distingue de tous les faits *passifs*.

C'est donc, on peut le dire, avec un véritable luxe d'arguments que la psychologie classique s'est efforcée de rendre inattaquable la classification dont il s'agit ; mais malgré tout nous persistons à lui trouver un caractère artificiel et antiscientifique. L'exemple de l'ancienne histoire naturelle a depuis longtemps prouvé que les classifications ne valent rien par elles-mêmes : lorsqu'on attend des hasards de la succession des faits dans la durée leur apparition, et de leur comparaison, conduite d'une manière quelconque, la fixation de leurs caractères, on s'expose à n'être jamais sûr de les avoir tous embrassés et surtout à choisir, pour les classer, des caractères plus commodes qu'essentiels ; toutes les qualités des animaux ou des plantes, sans exception, pourraient servir à les classer, leur taille, leur forme, leur couleur, le nombre de leurs appendices, etc., etc. ; et dans la pratique vulgaire et journalière, c'est de cette façon du reste que nous les décrivons et que nous les distinguons ; à quelles classifications désordonnées et fausses nous serions ainsi conduits, on en a facilement l'idée. Pour éviter cet écueil et pour aboutir à des classifications naturelles et complètes qui portent en elles-mêmes le gage de leur valeur, il faut choisir des caractères qui enveloppent des lois, et, si c'était possible, la loi même qui préside au dévelopement des êtres ou des faits que l'on classe. Par un instinct secret, la classification zoologique s'est de bonne heure attachée aux caractères fondés sur le développement du système nerveux et sur la génération des animaux (vertébrés, invertébrés, vivipares, ovipares, etc.), caractères si essentiels qu'on les trouve dessinés jusque dans les premières formes de l'embryon. Darwin devait en donner la raison : la nature animale a dû subir une lente évolution, et chaque individu qui naît repasse dans son développement individuel par toutes les formes ancestrales jusqu'à ce qu'il atteigne celles de son espèce ; c'est donc de l'embryologie et c'est, par suite, de la comparaison morphologique des embryons non moins que des êtres complets qu'il faut déduire les caractères dominateurs de la classification scientifique. La classification zoologique n'était qu'une *histoire* naturelle ; l'*histoire* allait devenir une *science* et la classification s'animer de l'unité et du mouvement des lois mêmes du vivant, en s'appuyant sur le principe de l'évolution.

Faute d'avoir cherché sinon le principe de l'évolution des phénomènes mentaux, du moins une loi qui préside à leur apparition dans la conscience, à leur succession régulière et à leur formation selon des types essentiels, qui sans cesse reparaissent et qui expriment à leur manière la nature et les lois de l'esprit, la théorie classique a simplement énuméré des faits et n'a pas pu retenir, en les classant, un seul des liens qui les unissent; elle a noté sans doute qu'il en existait trois formes, et pas plus de trois ; mais elle n'a saisi nulle part la raison de ces formes, qui du même coup en limite le nombre ; elle a classé, sans une loi qui règle le classement ; elle a trouvé un cadre qui rassemble les faits, sans les lier ni les unir.

De là sont venus des défauts graves. En premier lieu, la classification a dû se ressentir d'être faite au hasard. Sans sortir de l'exemple dont nous nous sommes servi, les faits ont dû se présenter sans ordre : notre écolier, avons-nous dit, a d'abord éprouvé un désir et une crainte, phénomènes complexes où nous trouvons du plaisir et de la peine, des caractères sensibles et de la volonté ; puis l'effort a paru, phénomène volontaire ; puis des idées, des souvenirs, des jugements et des raisonnements, phénomènes cognitifs, mêlés de volonté ; puis la conception d'un rapport, précédée d'attention, phénomène volontaire, accompagnée de joie, phénomène affectif, et suivie de mouvements, phénomènes volitifs. Faits sensibles, intellectuels et volontaires apparaissent donc partout, inextricablement mélangés les uns aux autres, et suscités sans raison apparente pendant toute la durée, dans toutes les phases de l'activité. L'écheveau des faits psychiques a pu laisser entrevoir tous ses fils, mais il n'a point été à coup sûr démêlé : quel profit tirer d'un pareil travail, quelle direction attendre, pour l'étude future de la psychologie, d'une classification qui n'indique même pas la genèse des faits ? Le but est donc manqué, et l'œuvre est à recommencer.

Ce n'est pas tout : la doctrine des facultés de l'âme, avec toutes ses faiblesses, avec toutes ses misères, qui en ont fait la conception la plus radicalement contraire à l'esprit de la science, et l'obstacle le plus sérieux au développement de la psychologie, est née de là. On n'avait aperçu nulle part, au cours de l'énumération, les raisons des phénomènes : on allait les chercher dans le

domaine obscur de la substance et des entités scolastiques en ramenant chacun des faits spécifiques à des
puissances bien définies de l'âme.

Le danger des classifications simplement nominales
est, en effet, quand on ignore les lois des phénomènes,
d'accorder aux concepts des espèces et des genres une
valeur excessive, une existence réelle qu'on prête à la
nature : les espèces homme, singe, cheval, chien, les
types vertébré, invertébré, prenaient ou tendaient facilement à prendre, avant l'hypothèse de l'évolution, le rang
de formes invariables, auxquelles correspondaient des
puissances définies de la nature vivante. Plus facilement
encore, quand on classait les états ou les actes d'un être
individuel, comme une conscience humaine, l'esprit
inclinait à les ramener à des puissances typiques de
l'âme individuelle, aussi nombreuses que les classes
établies. On raisonnait de la manière suivante : des états
ou des actes marqués de caractères rigoureusement spécifiques supposent une énergie, une cause également
spécifique qui s'exerce pour les produire : à ce compte,
les faits psychiques, essentiellement distincts des faits
physiologiques, ne sont point dus aux causes organiques
ou, d'un seul mot, au corps qui produit les derniers,
mais à une cause ou un sujet qui en diffère profondément, à l'esprit ou à l'âme. Mais on ne pouvait s'en tenir
là : si l'âme produit des faits sensibles, intellectuels et
volontaires, et si l'on a au préalable démontré l'absolue
distinction de ces trois classes de faits, comment, en
vertu du même procédé, ne point conclure à l'existence
de trois puissances dans l'âme ? Entre toutes ces causes,
on établissait pourtant une importante différence : l'âme
est une cause absolue et majeure, indivisible et substantielle; à elle nous rapportons tous les phénomènes
psychiques, comme nous rapportons à l'organisme tous

les faits physiologiques ; en son unité se retrouve donc toujours la parenté des phénomènes psychiques, dont toutes les différences, remarquons-le, n'effaceront jamais le caractère conscient par où ils se ressemblent ; les puissances de l'âme, au contraire, sensibilité, intelligence et volonté, sont bien encore des causes, mais des causes secondaires, accidentelles, subordonnées à la puissance unique qui est l'âme, puisque, avant d'être sensibles, intellectuels ou volontaires, les faits psychiques sont tous des phénomènes conscients. L'âme, en d'autres termes, est, comme on disait, la cause ou l'énergie unique, agissant sous trois modes particuliers, enveloppant volonté, sensibilité et intelligence.

Malgré ces précautions, la théorie des facultés distinctes conduisait, dans la pratique, à des résultats déplorables ; on se souvenait, fort mal à propos sans doute, que les sciences naturelles, qui ont pour objet des phénomènes, pensent avoir atteint leur but quand elles ont pu déterminer les *causes* des faits qu'elles étudient ; dès lors n'avait-on point le droit, en psychologie, quand on avait ramené les éléments sensibles, intellectuels et volontaires d'un fait psychique complexe à leurs causes respectives, sensibilité, intelligence, volonté, de se croire satisfait? Quand on avait dit que dans le jugement esthétique ou le *goût* interviennent à la fois la sensibilité et l'intelligence, ou mieux encore *tant* de sensibilité et *tant* d'intelligence, on avait l'illusion d'avoir fait une analyse psychologique remarquable, on se vantait d'avoir délicatement résolu un problème scientifique !

Samuel Bailey a fait de cette doctrine puérile une critique pleine d'humour que nous reproduisons ici, d'après M. Ribot : « On a représenté, dit-il, les facultés agissant comme des agents indépendants, donnant naissance à des idées et se les passant mutuellement, et faisant entre elles leurs affaires. Dans cette espèce de phraséologie, l'esprit apparaît souvent comme une sorte de champ dans lequel la perception, la mémoire, l'imagination, la raison, la volonté, la conscience, les passions produisent leurs opérations, comme autant de puissances alliées entre elles ou en hostilité. Parfois l'une de ces facultés a la suprématie et les autres sont subordonnées ; l'une usurpe l'autorité et l'autre la cède, l'une expose et les autres écoutent ; l'une trompe et l'autre est trompée. Cependant l'esprit ou plutôt l'être intelligent lui-même est complètement perdu de vue au milieu de ces transactions où il ne paraît avoir aucune part. D'autres fois on nous montre ces facultés traitant avec leur propriétaire ou maître, lui prêtant leur ministère, agissant sous son contrôle ou sa direction, lui fournissant de l'évidence, l'instruisant, l'éclairant par leurs révélations, comme si lui-même était détaché et à part des facultés qu'on dit qu'il possède, commande et écoute. » Et un peu plus loin : « L'être intelligent, comme un monarque constitutionnel, gouverne régulièrement par le moyen de ses ministres : l'Entendement étant le Secrétaire d'État au Département de l'intérieur, la Faculté de Juger étant le *Chief Justice of the Commonpleas*, et la Raison le *First Lord of the Treasury* (ou premier ministre) [1]. »

Le choix même du mot faculté, pour désigner les trois puissances essentielles de l'âme, était très significatif : la *faculté*, avait-on grand soin de dire, n'est comparable ni aux *propriétés* des corps, ni aux *vertus* des plantes ; vertus et propriétés sont inconscientes d'elles-mêmes, s'exercent sans le savoir, exigent enfin pour produire leurs effets un ensemble de conditions extérieures, mécaniques ou chimiques. L'être doué de facultés sait

---

1. Bailey, *Letters on philosophy of human Mind*, t. Ier, livre III, cité par Ribot, *la Psychologie anglaise contemporaine*, pp. 29 sq.

au contraire qu'il les possède : il les sent et en a une intime conscience ; il en a du même coup la plus ou moins libre disposition, les développe ou les modère, les exalte ou les retient, et il a le droit en conséquence de rapporter à son âme substantielle, comme à leur cause première, tous leurs effets et tous leurs actes.

Là est précisément l'erreur fondamentale, l'erreur qu'on peut appeler grossière de la doctrine ; en vain ferait-on le tour de toutes les sciences d'observation pour en rencontrer une semblable. Le physicien, le chimiste ou le biologiste cherchent aussi dans leurs causes, par induction, l'explication des faits qu'ils étudient : mais combien différente est l'induction dont ils se servent, combien opposée leur méthode! Déterminer la cause, dans les sciences physiques, c'est rattacher un fait à ceux qui le précèdent, à ceux du moins dont la présence est requise pour qu'apparaisse le premier, qui varient avant lui et qui entraînent ses variations, qui le conditionnent et qui le déterminent ; la cause du son d'un diapason est dans ce phénomène, le mouvement de ses branches, et dans cet autre, le mouvement vibratoire qu'il communique à l'air ; la cause de la chaleur rayonnante, de la lumière, est dans les ondulations de l'éther ; la cause de l'explosion est dans l'énergie chimique de la poudre, c'est-à-dire dans des mouvements d'abord moléculaires, qui deviennent ensuite mouvements de translation sous l'action de l'étincelle ; la cause de la circulation du sang est dans les contractions du cœur et des artères, conditionnées elles-mêmes par les décompositions et les ondulations de la matière nerveuse, partout enfin la cause des faits est dans des faits qui les précèdent, jamais dans des puissances occultes, comme la puissance sonorifique, calorifique, lumineuse, explosive ou circulatoire. Induire, en d'autres termes, ce n'est point remonter d'un phénomène à sa pure possibilité, à sa puissance d'être, ce n'est point aller de l'opium à la *vertu dormitive*, explication verbale et ridicule qui justement n'explique rien ; c'est deviner dans la trame des faits ceux d'entre eux qui sont liés d'une façon constante, ceux qui varient ensemble et qui se conditionnent ; puis c'est prouver qu'on a deviné juste en instituant et en multipliant les vérifications.

En remontant, sans plus, du fait sensible au pouvoir de sentir, du fait intellectuel au pouvoir de comprendre ou du fait volontaire au pouvoir de vouloir, non seulement le partisan des facultés de l'âme n'induit pas et se contente d'abstraire et de réaliser des abstractions, mais encore il se ferme à lui-même la voie de l'induction scientifique et féconde. Vous prétendez tenir dans l'âme sensitive, dans l'intelligence, dans la volonté la cause *plénière* et *absolue* du sentiment, du jugement et de la décision ; vous seriez absurde d'aller chercher des causes au delà de la cause, des conditions, des éléments, des liens de succession constante, des mesures et des lois au delà de la substance qui a tiré d'elle-même toutes ses modifications et tous les phénomènes. Elle seule répond à tout, suffit à tout, est tout. Le moyen, après cela, si l'âme est la cause adéquate de tous les faits psychiques, de chercher patiemment dans l'étude du système nerveux, des viscères, des organes sensoriels, des centres cérébraux, des muscles, etc., les conditions ou les effets du plaisir ou de la douleur, des émotions, des sensations, des perceptions, des opérations intellectuelles, normales ou troublées, des maladies mentales et de la volonté ? L'âme, qui n'est pas seulement l'ensemble ou le lieu des phénomènes psychiques, mais qui en est la cause adéquate et complète, ne se prête point à de telles recherches, et répudie la science et les méthodes modernes.

Est-il possible d'en rester là? Assurément non, pas plus qu'il n'est possible de revenir de nos jours à l'ancienne alchimie ou aux causes occultes de la physique scolastique. Personne d'ailleurs n'est plus frappé que nous des caractères nettement différentiels du phénomène psychique ; un fait conscient, nous avons fait assez d'efforts pour le démontrer [1], est à nos yeux un fait irréductible, original, réfractaire à toute analyse que voudrait tenter sur lui le *monisme* des mécanistes; volontiers aussi nous reconnaîtrons un peu plus loin qu'il a trois caractères essentiels et distincts, et qu'il est affectif, représentatif et volitif; nous soutiendrons enfin qu'il constitue en nous une *vie mentale*, tout à la fois sensible, intellectuelle et volontaire, liée en même temps et opposée à la *vie corporelle*. Mais est-ce une raison pour arracher les faits à la solidarité qui les unit? en est-ce une surtout pour oublier les phénomènes au profit des substances? La vie mentale est faite, comme la vie corporelle, comme la nature chimique, physique ou mécanique dans laquelle nous vivons, de faits et rien que de faits, de phénomènes qui expriment tout l'être, qui sont, à chaque instant, sa nature totale et qui, en évoluant, déploient son énergie perpétuellement transformée et changeante. L'individu psychique, dans le tout qui l'enveloppe, n'est qu'une synthèse de faits harmonieux et connexes, qui dans le présent rassemble le passé et tend vers l'avenir; l'état de conscience est la conscience même, qui dans la succession se développe et s'étend, mais qui au-dessus du temps peut-être se reprend et s'unifie. Notre esprit n'est donc point une substance séparée, mais il est identique aux faits qui se déroulent, aux phénomènes psychiques qui sont lui tour à tour.

1. Dans le chapitre II.

Quoi qu'il en soit, la science psychologique n'a point à dépasser les phénomènes conscients : sur eux et sur eux seuls, sur les éléments qui les constituent, sur leurs antécédents, leurs conditions, leurs affinités réciproques, les liens qui les unissent aux faits qui les provoquent ou qu'ils suscitent, doivent porter l'observation, l'analyse, l'induction et l'expérimentation. Puis, s'il faut bien que l'abstraction fasse après tout son œuvre, parlons aussi de l'âme, de la sensibilité, de l'intelligence et de la volonté, mais comme le physicien parle du corps, de la chaleur, de l'électricité et de la lumière : sous ces termes abstraits, voyons, puisqu'il faut s'en servir, des groupes de faits et des groupes de lois ; mais ne laissons jamais tomber la proie pour l'ombre, ni la réalité des phénomènes vivants pour des puissances inertes et sans vie.

II

TROIS FONCTIONS DE LA VIE PSYCHIQUE : AFFECTIVE, REPRÉSENTATIVE, VOLITIVE.

Le trait le plus frappant de toute vie mentale, pour qui en observe avec soin les développements depuis les plus bas degrés de l'échelle animale jusqu'aux plus élevés, est la correspondance étroite de ses fonctions propres aux fonctions du système nerveux, d'ailleurs rudimentaire ou complet, auquel elle est unie. Depuis l'étoile de mer qui répond d'une manière immédiate à toute excitation périphérique par des mouvements appropriés jusqu'aux états les plus complexes de la conscience humaine, les faits psychiques se trouvent toujours étroitement enchaînés à des processus nerveux qui les précèdent, les accompagnent ou les suivent. Des faits nombreux et de sûres inductions permettent de penser qu'il n'est pas un sentiment, pas une émotion, si fugitive ou si obscure, si idéale ou si pure qu'elle soit, pas un concept ou un jugement, pas une pensée si générale ou si abstraite qu'on veuille la supposer, pas un effort mental enfin qui n'ait son accompagnement nécessaire dans une désintégration de la substance nerveuse. Travail mental et travail cérébral s'impliquent mutuellement, se conditionnent et s'enveloppent comme les termes distincts d'un processus peut-être unique au fond.

D'ailleurs on aurait tort de croire à la prépondérance continuelle et absolue du processus nerveux sur les faits de conscience, qui souvent en dépendent et qui toujours les accompagnent. Des observations décisives prouvent aussi l'action de la conscience sur l'arrangement et sur la marche, autrement inexplicables, des fonctions nerveuses : un caractère saillant des réflexes les plus rapides et les plus inconscients est qu'ils sont manifestement adaptés à un but défini ; et quoiqu'on ait pu soutenir qu'il n'y a là rien d'étonnant [1], puisqu'une telle adaptation est la condition de l'existence physiologique, est la vie même de l'animal, nous pensons avec Wundt [2] que la finalité du réflexe a son explication dans une évolution passée de la conscience : la réaction motrice n'a pas été toujours si rapide et si sûre ; elle a eu tout d'abord pour objet ou de satisfaire un besoin douloureux, obscurément senti, ou d'assurer à l'être le prolongement ou l'avènement d'un état de bien-être, confusément aperçu ; puis le choix s'est trouvé fortifié ou condamné dans la lutte pour la vie ; la réaction motrice la plus apte, dans cette synthèse des réflexes et des instincts les plus aptes qu'on appelle un animal s'est fixée peu à peu, pendant

1. M. Ch. Richet, dans son *Essai de psychologie générale*, p. 65 et 91.
2. *Psych. physiol.*, II, p. 466.

que disparaissaient à mesure le choix et la conscience, désormais superflus.

De toute manière, et quelle que soit la nature du lien qui rend à ce point solidaires les faits conscients et les fonctions nerveuses, la liaison reste acquise et nous paraît fournir au psychologue une base très solide pour décrire la genèse et le développement des phénomènes psychiques.

Il est d'abord, à notre avis, extrêmement remarquable qu'il existe une vie mentale, et conséquemment tous les éléments essentiels, sans exception, d'une telle vie, partout où l'on rencontre un cycle complet d'actions nerveuses, au sens physiologique du mot. Sans doute la vie mentale d'un homme adulte, en possession de sa raison et de sa liberté, est à première vue incomparablement plus variée et plus riche que celle d'une étoile de mer; mais l'actinie qui a une conscience, qui reçoit des impressions et réagit spontanément sur elles, peut pourtant posséder, à l'état rudimentaire, toutes les opérations fondamentales de notre vie psychique : elle subit, comme nous, l'action des objets extérieurs, éprouve à leur occasion du plaisir ou de la douleur, discerne des impressions [1], a des tendances et des besoins, adapte des mou-

---

1. Voy. Romanes, *op. cit.*, p. 36 : « J'ai observé que si l'on place une actinie (anémone de mer) dans un aquarium, en la laissant se fixer latéralement près de la surface de l'eau, et si l'on dirige sur elle, d'en haut, un jet d'eau de mer continu, le résultat tout naturel est que l'animal est entouré d'un tourbillon d'eau et de bulles d'air. Au bout de peu de temps, l'actinie s'habitue à ce tourbillon, au point d'étendre ses tentacules pour chercher des aliments, tout comme elle fait dans l'eau tranquille. Si l'on touche doucement un de ces tentacules avec un corps résistant, tous les autres se replieront autour de ce corps comme ils eussent fait dans l'eau tranquille; c'est-à-dire que les tentacules sont capables de distinguer l'excitation fournie par le remous de l'eau de celle qui naît du contact d'un corps solide; ils répondent à la dernière excitation, bien qu'elle

vements pour les satisfaire. Nos sensations et sentiments complexes, nos discernements et nos opérations intellectuelles, nos instincts et nos volontés diffèrent en degré, non en nature, de ses sensations, discernements et volitions. Entre la vie mentale de l'homme et celle de l'actinie, il y a les mêmes différences de développement, mais aussi les mêmes ressemblances profondes qu'entre la physiologie de l'un et la physiologie de l'autre : la *psychologie générale* a le devoir scientifique, comme la *physiologie générale*, de saisir les secondes à travers les premières.

Que faut-il donc à un cycle d'actions nerveuses pour être complet et pour être en mesure de devenir le support d'une vie mentale continue? Quelles sont en d'autres termes les parties essentielles d'un *système* nerveux, qui puisse servir de « base corporelle » à un *système* de fonctions psychiques? Nous avons déjà pris connaissance, dans le chapitre II, de la réponse de la physiologie : ces parties ou organes sont au nombre de trois : un ensemble de fibres nerveuses afférentes, un centre nerveux de coordination, et un nouvel ensemble de fibres efférentes. Si compliqué que soit un système nerveux, on n'y trouve rien de plus : depuis l'appareil nerveux du céphalopode, réduit à un seul ganglion central et à deux faisceaux de filets conducteurs y aboutissant, l'un centripète et l'autre centrifuge, jusqu'au système nerveux si riche et si complexe des vertébrés supérieurs, la nature ne nous offre jamais, multipliés sans doute le plus souvent et répétés à l'infini, que ces trois éléments du système connu sous le nom d'*arc réflexe*.

soit incomparablement moins intense que la première. C'est cette faculté de discerner les excitations, *indépendamment de leur intensité mécanique respective*, qui... représente le côté physiologique de la faculté de choisir. »

Cela posé, il va de soi que *trois* fonctions physiologiques essentielles, et *trois seulement*, appartiennent au système nerveux : aux fibres afférentes, dont l'une des extrémités se ramifie à la périphérie ou plonge dans l'intérieur des organes internes, revient le rôle de recevoir les *impressions* périphériques ou organiques et de les conduire soit à un centre secondaire qu'elles ne dépassent pas, soit, grâce aux fibres conductrices qui unissent entre eux tous les centres nerveux, jusqu'à quelqu'un des centres supérieurs. L'ensemble des impressions ainsi conduites aux centres constitue l'*excitation*. — Sous son influence, la matière chimique éminemment instable dont se composent les centres devient le lieu de travaux compliqués, qui se ramènent tous au mode unique d'une désintégration plus ou moins rapide et continue ; au reste ces travaux, qui résument la fonction physiologique des centres ou *fonction centrale*, sont étroitement liés tant aux fonctions des fibres efférentes qu'ils tiennent sous leur dépendance, qu'à la nature et à l'intensité de l'excitation d'où ils résultent : tantôt, localisés dans le ganglion le plus proche du point impressionné, ils se dépensent tout entiers, en parcourant les voies centrifuges les plus directes, à contracter des muscles très voisins ; tantôt, au contraire, l'excitation gagnant de proche en proche un grand nombre de centres, irradie à travers toutes les masses centrales et y provoque des travaux si complexes qu'un long intervalle de temps sépare parfois l'excitation des réactions motrices. La fonction centrale est donc de beaucoup la plus importante, et, il faut bien le dire aussi, la plus obscure : en un sens elle dépend surtout de l'état des centres, des forces de tension qui les constituent, des directions virtuelles de ces forces, des liaisons dynamiques des centres associés, de l'énergie en un mot accumulée et disposée dans les masses cellulaires. Quoi qu'il en soit, retenons qu'il existe une fonction centrale, et que d'elle dépendent les *mouvements centrifuges* qui, à travers les *fibres efférentes*, vont irriter et contracter les muscles.

Excitation partant de la périphérie, **travail central** des masses cellulaires, **innervation motrice** des filets centrifuges, tels sont, en résumé, les trois moments *nécessaires* et *suffisants* de la réponse de tout organisme vivant aux impressions qui lui viennent du dehors.

La conscience assurément, du moins la conscience claire, n'accompagne pas sans exception toutes les réponses du système nerveux à des excitations quelconques : au moins chez les animaux supérieurs, certains réflexes, tels que la contraction de l'iris sous l'action de la lumière ou l'accélération des battements du cœur lors d'un exercice musculaire violent, s'accomplissent sans que la conscience en soit le moins du monde avertie. Mais quand elle apparaît, il n'y a pas de doute, pour nous, qu'elle réponde, selon sa nature, aux trois moments de la fonction nerveuse, qu'elle évolue et se déroule avec elle et comme elle, qu'à chaque phase en un mot du cycle fonctionnel corresponde un état typique de la conscience.

Les physiologistes enseignent cependant, et nous croyons fermement avec eux, que la conscience n'est liée qu'à la fonction centrale, bien plus qu'elle est exclue d'une manière générale des centres inférieurs, et qu'en vertu d'une loi qui paraît bien prouvée, elle n'accompagne jamais que l'action coordinatrice des centres les plus élevés, cerveau chez les animaux supérieurs et chez l'homme, ganglions cervicaux chez les invertébrés. Mais, sous cette réserve, elle répond encore par trois fonctions distinctes aux trois fonctions nerveuses, comme le travail central qui les rassemble et les résume, puisqu'il résulte de l'excitation et y répond par la détermination coordonnée des actions centrifuges. En ce sens il y a lieu de

distinguer dans la fonction centrale elle-même trois moments essentiels : une rupture d'équilibre des forces cellulaires, le jeu central plus ou moins prolongé de ces
forces, l'énergie rendue libre qui regagne les muscles.

La loi fondamentale de toute vie psychique est qu'elle
accuse à sa manière les trois moments de ce développement : l'excitation, qui provoque dans les centres un
commencement de désintégration, change le *ton* de la
conscience, s'y traduit par un contraste : rupture d'équilibre est pour elle **sensation**, phénomène qui prend un
relief à l'égard des états antérieurs, et qui toujours enveloppe, à quelque degré, du plaisir ou de la douleur. La
sensation toutefois, remarquons-le, n'est pas seulement
l'apport brutal amené par les voies afférentes des choses
à la conscience ; elle est aussi le mode *émotionnel* sous
lequel réagit cette dernière, et pour peu que se prolonge
la désintégration centrale, elle devient l'objet d'une élaboration confuse, d'un discernement d'abord obscur, puis
de plus en plus clair, d'une **connaissance** que déterminent
des lois constitutives propres à la conscience. Au reste
l'émotion et le discernement, comme le travail central
auquel ils correspondent, dérivent tout à la fois des éléments qu'ils doivent à la nature et à l'intensité de l'excitation et de ceux qui résument la réaction centrale ; enfin
de leur synthèse résulte une tendance à prolonger le
plaisir ou à fuir la douleur, une **appétition** qui précède et
dirige l'irradiation de l'énergie motrice et que traduisent
en fin de compte les mouvements adaptés et intentionnels
des muscles irrités.

Dans l'état de conscience complexe qui correspond au
cycle entier d'un processus nerveux, nous devons donc
distinguer un état *affectif*, lié d'une manière étroite à
l'excitation et au trouble central qu'elle produit tout
d'abord, un état cognitif ou *représentatif*, qui en partie

aussi résulte de l'excitation, mais qui surtout procède de l'action de la conscience, un état *volitif* enfin ou effort spontané. Trois fonctions en un mot paraissent appartenir à toute vie psychique : une *fonction affective*, une *fonction représentative*, et une *fonction volitive*.

Ce serait sans doute une erreur grave que de prétendre rapporter respectivement chacune de ces fonctions, la première aux actions des fibres afférentes, la deuxième aux actions centrales, et la troisième à celles des fibres efférentes ; la conscience, répétons-le, est, sous sa triple forme, une fonction centrale. Mais quand nous nous trouvons en présence d'un produit dont l'un des facteurs nous est certainement connu, nous ne saurions omettre d'en définir avec soin la valeur ; les fonctions affective et représentative sont ainsi le produit du travail central et de l'excitation ; dès lors quand la division du travail physiologique met à notre portée l'action séparée d'un facteur de ce produit, à savoir l'excitation, nous sommes tenus d'en suivre les effets et de les mesurer.

L'étude du psychologue doit donc porter d'abord sur la contribution des fibres afférentes à l'émotion et à la sensation ; nerfs et filets sensoriels font à la conscience des apports de tout genre, qui sont les conditions des travaux ultérieurs : le psychologue est tenu d'en faire l'analyse, d'en définir les modes et les caractères, d'en découvrir les lois. A ces apports directs, dus à l'activité spéciale des organes sensoriels, on est convenu de donner le nom de sensations, et on en étudie, dans une première partie de la psychologie, le *ton affectif*, l'*intensité* mesurée le plus souvent sur celle de l'excitant, enfin la *qualité* représentative.

Vient ensuite l'étude du travail central ; avec lui apparaissent, à vrai dire, les réactions proprement dites de la conscience sur les apports qui lui viennent du dehors, l'élaboration des sensations, la connaissance et la représentation. Les lois constitutives qui en règlent la marche ont toutes ce caractère d'être les formes d'une synthèse qui réunit dans un état présent les éléments épars des sensations passées, qui saisit des ressemblances, qui compare et qui juge, qui réalise en un mot l'unité spécifique, parfois troublée et parfois dédoublée, de toute vie mentale. Le développement de l'intelligence est loin sans doute d'aller toujours jusqu'à la claire conscience d'une telle unité; mais il semble qu'il aboutisse tout au moins, même aux plus bas degrés de l'échelle animale, à l'élaboration de certaines perceptions distinctes tirées des éléments confus de la pure sensation.

Enfin la vie mentale de tout être psychique est tournée vers le monde extérieur non seulement par les impressions qui lui en arrivent en foule, mais encore par les tendances et les appétitions qui commandent le travail des fibres efférentes. L'un des caractères les plus remarquables du phénomène psychique est en effet de n'être jamais simplement un état et un mode, mais d'être aussi toujours une *tendance* et une *force*. Depuis le sentiment le plus obscur d'une douleur ou d'un plaisir, qui réagit instantanément par un acte automatique ou instinctif, jusqu'au souvenir qui agite les cellules cérébrales, jusqu'aux concepts abstraits du mathématicien qui tendent à se traduire en mouvements d'expression, tout état de conscience est en même temps un acte et un effort. Nous en aurions à chaque instant la preuve, sans la lutte qui s'engage entre tous ces états et qui met l'équilibre entre tous ces efforts: dans un esprit normal, toute idée qui isolément tendrait à passer à l'acte éveille d'ordinaire une foule d'idées antagonistes qui la corrigent, et qui, comme on l'a dit, lui servent de *réducteurs*; mais en revanche lorsque les réducteurs disparaissent, comme dans la folie impulsive et dans l'état d'hypnose, toute image présente et toute suggestion déterminent aussitôt l'action correspondante. Toute conscience est donc en même temps volonté, quoique les suites motrices de nos états psychiques restent le plus souvent cachées et insensibles et qu'elles ne se manifestent en tout cas qu'en des résultantes bien ordonnées où elles se fondent et se confondent.

Nous allons montrer, dans un moment, combien de vies psychiques, presque en tout différentes, différentes de tendances, d'instincts, de besoins, de jouissances et de souffrances, différentes surtout par l'intelligence et par la destinée qu'elles semblent poursuivre, se rencontrent dans la nature et s'opposent entre elles ; en chacune d'elles nous retrouverons cependant le même fond uniforme ; toutes elles reproduiront, variés à l'infini, mais en réalité toujours les mêmes, les trois types essentiels de la fonction mentale : sensation affective, représentation, volition. Quels que soient, en un mot, les développements de l'état de conscience, il n'a et ne peut avoir que trois fonctions distinctes, liées aux trois fonctions de ce système complet qu'on appelle l'arc réflexe, à la fois type et élément de tout système nerveux : des apports, une élaboration centrale et des efforts pour réagir, telle est en un mot toute la conscience, comme toutes les phases du processus nerveux sont l'afférence des fibres centripètes, le travail des centres, et l'efférence des fibres centrifuges.

III

LES DÉVELOPPEMENTS DIVERS DE LA VIE MENTALE ; ACTION
RÉFLEXE, INSTINCT, VOLONTÉ. — PSYCHOLOGIE GÉNÉRALE
ET PSYCHOLOGIE HUMAINE. — CONCLUSION.

Si la psychologie n'était pas en mesure de distinguer,
comme nous venons de le faire, un certain nombre de
moments dans le développement de la vie mentale, elle
ne serait point une science. La science vit de distinctions
et d'analyses. Il n'est pas prouvé, par exemple, lorsque
nous découpons dans la nature et séparons les uns des
autres les phénomènes mécaniques, physiques et chimiques, qu'il existe dans toute l'étendue de l'univers un
seul fait concret qui ne soit à la fois chimique, physique
et mécanique ; nous sommes bien plutôt à peu près sûrs
du contraire, et en tout cas un phénomène chimique
enveloppe toujours des conditions physiques et mécaniques ; si pourtant nous mettons tous nos soins à grouper sous le nom de *phénomènes* des qualités qui ne sont
après tout que des moments ou que des éléments des
phénomènes véritables, c'est en vertu des lois de notre
connaissance : connaître, c'est comparer, abstraire et
généraliser ; c'est en un mot distinguer, diviser et classer. La psychologie partage le sort commun et ne serait
point une science, si les phénomènes dont elle s'occupe
ne se prêtaient à certaines divisions et distinctions fondamentales que nous nous sommes efforcé précisément
de passer en revue.

Mais ce serait méconnaître en revanche ce qu'il y a
peut-être de plus profondément original dans la vie
mentale que de tenir pour des faits réellement séparés
et en quelque sorte isolés les phénomènes qui répondent

aux trois fonctions précédemment décrites. La vérité est qu'on ne peut disjoindre, sinon dans l'abstrait, la vie et ses fonctions, ni, en conséquence, dès qu'il s'agit de fonctions essentielles, celles-ci les unes des autres. Claude Bernard a dit de la cellule que chez elle « la vie c'est la mort », en entendant par là que l'action vitale, là comme ailleurs, est dénutrition et décomposition, et qu'en retour la décomposition est toujours compensée par une action simultanée de l'assimilation et de la nutrition, Intégration et désintégration s'accompagnent donc toujours dans la vie cellulaire, sans qu'on puisse les isoler autrement que par la pensée. De même on pourrait dire que, dans la vie mentale, être conscient c'est tout à la fois *sentir*, *discerner* et *vouloir*.

Quand l'animal le plus imparfait éprouve le sentiment le plus obscur de jouissance ou de souffrance, le plaisir et la peine ne restent pas un seul instant en lui des modes passifs de la conscience : ils sont du même coup des tendances, des actes qui commencent, des efforts qui s'ébauchent pour écarter la douleur et prolonger le plaisir. Plaisir et peine enveloppent toujours, Aristote l'a dit, un appétit et un désir, bref un mouvement (ὁρμή) de l'être sentant.

Mais il faut aller plus loin : jouissance et souffrance impliquent aussi, dans tous les cas possibles, quelque discernement; et discerner, en revanche, c'est encore sentir, et c'est toujours, à tous les degrés de la pensée, éprouver quelque tristesse ou quelque joie, tantôt profonde, tantôt à peine perceptible. L'animal même en qui l'excitation n'éveille jamais d'autre sentiment sourd que celui de la faim, distingue, entre toutes les impressions, celle de l'objet qui peut la satisfaire [1], reconnaît donc

---

1. Voy. plus haut l'exemple de l'étoile de mer, p. 117, note 1.

au moins les nuances obscures de ses sensations, compare et fait des inférences. A l'autre extrémité de l'échelle animale, les conceptions les plus abstraites, les méditations les plus pures ne vont point sans des images, ces résidus des sensations passées, ni sans quelque nuance, fugitive tout ensemble et pénétrante, d'une émotion qui nous attache à la contemplation.

On pourrait même soutenir, selon nous, que les idées proprement dites et en général tous les états intellectuels doivent leur puissance motrice, leur action directrice sur la conduite à venir, à ce fait qu'ils sont étroitement associés à des modes définis de l'émotion et de la sensation ; l'idée pure est sans force sur la conduite humaine ; au contraire l'idée devenue sentiment et passion, la connaissance devenue croyance pénètre toute la vie et en règle toutes les actions ; l'idée n'est *force*, en d'autres termes, et ne se manifeste en des mouvements divers, mouvements de défense, mouvements de geste et d'expression, mouvements coordonnés et adaptés sous l'influence d'un dessein arrêté, qu'à la condition de s'être en quelque sorte réfractée à travers un milieu *sensible*, et d'avoir revêtu quelque forme affective.

Concluons donc à l'unité profonde de l'état de conscience, *phénomène affectif* qui ne va point sans quelque *intelligence*, *effort* qui tient de l'idée sa direction et de l'émotion affective et sensible sa puissance efficace et son intensité.

Si telle est la nature du phénomène psychique, on comprend mieux qu'il apparaisse, aux différents degrés de l'échelle animale, ou même, dans un seul organisme, aux différentes hauteurs de la vie mentale, sous des formes très variables et très diversement développées, Tantôt, en effet, les trois moments affectif, représentatif et volitif du phénomène se succèdent avec une telle rapidité, ou, pour mieux dire, se trouvent à un tel point condensés et fondus ensemble que l'action musculaire suit presque instantanément l'excitation venue par les nerfs afférents; l'activité, en pareil cas, est d'ordinaire purement *réflexe*, et il arrive même fort souvent qu'elle échappe d'une manière absolue, ou presque absolue, à la conscience; on a pu, par cela même, distinguer les réflexes purs de la vie végétative, qui n'intéressent que de très loin le psychologue, tels que la contraction de l'iris et les mouvements péristaltiques du tube digestif, des réflexes psychiques accompagnés de conscience, tels que la toux, l'éternuement, les mouvements dus au vertige, etc., etc.

Tantôt il arrive au contraire que les phases diverses du processus psychique s'opposent davantage les unes aux autres et qu'elles deviennent l'objet d'une dissociation véritable. En pareil cas, la conscience est plus claire; le phénomène psychique s'étend dans la durée, se prolonge; les tendances générales qui naissent de l'émotion, plus nettement accusées, attendent cependant d'une sorte de travail intellectuel, du discernement, de la perception et de la mémoire, leur direction définitive vers un acte précis : l'*instinct*, en d'autres termes, a conscience sinon de son but et de sa raison d'être, du moins d'un besoin senti, d'un désir, des moyens qu'il emploie et de l'acte qu'il réalise. A ce degré de la vie psychique, l'intelligence ne possède pas plus la réflexion que la volonté n'a la pleine possession de soi; mais l'une et l'autre ont déjà pris d'importants développements que traduisent au dehors des mouvements déjà très complexes et nettement spontanés.

Tantôt enfin au-dessus des réflexes inconscients ou conscients, au-dessus même de l'instinct, apparaissent, dans leur complet épanouissement, les phénomènes multiples de la conscience humaine, qui, par la réflexion, peut devenir attentive à ses sentiments, à ses représentations et à ses tendances, et qui entre par suite dans la *vie volontaire*.

Si l'âme humaine est, comme l'a dit Aristote, le lieu de toutes les formes et si elle est en conséquence la synthèse de ces trois vies, vie automatique ou réflexe, vie instinctive ou animale, vie volontaire ou proprement humaine, la psychologie de l'homme apparaît en un sens comme la psychologie achevée et complète; mais en un autre on ne peut oublier que la science des fonctions développées d'un vivant implique l'étude approfondie de ces fonctions prises en elles-mêmes et de leurs lois. S'il est intéressant de voir ce que deviennent, dans l'homme, l'émotion et la sensation, l'intelligence et la volonté, il l'est surtout et avant tout de pénétrer les conditions constantes de toute émotion et sensation, de toute représentation et de toute tendance, de toute conscience en un mot, en quelque lieu de la nature vivante et à quelque degré de développement qu'elle se présente à notre observation. La partie centrale de toute psychologie vraiment scientifique, la science véritable du phénomène psychique, abstraction faite des accidents qui le font simple ou complexe, rudimentaire ou riche de qualités, est donc la *psychologie générale*, aussi digne de nos recherches et sans aucun doute aussi féconde que l'est, dans le domaine de la vie organique, la *physiologie générale* ; et de même que celle-ci, appuyée sur la *physiologie comparée*, étudie à travers la série animale la nutrition, la digestion, l'assimilation, la reproduction, puis les fonctions de la vie de relation, sensation et mouvement, de même la *psychologie générale* doit demander à la *psychologie comparée* l'étude des fonctions psychiques à tous les degrés de leur développement, dans l'infusoire livré aux purs réflexes, dans la vie instinctive des divers animaux, enfin dans l'homme à tous les âges et dans tous ses états morbides ou normaux : la psychologie comparée, pourrait-on dire, est le moyen, dont la psychologie générale est la fin.

Si ces remarques sont justes, la psychologie générale et la méthode comparative sur laquelle elle s'appuie méritent d'occuper une place importante dans toute psychologie vraiment digne de ce nom. La sensation et la motricité musculaire ne sont pas, à beaucoup près, les propriétés exclusives de l'animal humain ; a-t-on le droit d'en négliger les manifestations partout où elles existent? A-t-on le droit surtout, quand elles donnent lieu dans l'homme à des opérations si complexes, de se priver de gaieté de cœur des analyses toutes faites qu'en offre la nature, à mesure qu'elles se simplifient et qu'elles se dissocient quand on descend les degrés de l'échelle animale? De même la conscience, dans sa réaction propre sur les éléments affectifs et sensitifs qui lui viennent de l'excitation, dans la phase d'élaboration du phénomène psychique où elle joue après tout son rôle essentiel, est soumise à des *conditions*, prend des *formes*, obéit à des *lois* qui restent identiques dans toute l'étendue du domaine psychique et qu'il faut dégager; l'étude des développements de la conscience humaine exige d'abord l'étude de ces lois générales : qui n'a pas vu que conscience est synthèse, mémoire, répétition et attention, habitude passive ou négative et habitude active ou positive, est mal préparé à suivre la succession et les changements de ces états multiples qui constituent la trame de toute vie mentale. La psychologie générale est donc l'introduction naturelle et nécessaire à toute psychologie.

Avec elle d'ailleurs la tâche du psychologue ne fait que commencer : après la science des fonctions en elles-mêmes doit venir celle de leur évolution, après la science des conditions et des lois générales, celle des fonctions développées et complètes. La psychologie humaine, qui en ce sens enveloppe toutes les autres, se replace ici au premier plan ; indiquons-en brièvement les grandes divisions.

Quoique la vie mentale soit sans doute très loin de dépendre exclusivement, comme on l'a prétendu, des impressions qui, par voie afférente, viennent affecter les centres, c'est cependant un fait incontestable qu'elle ne commence qu'avec l'excitation et avec les apports qui lui viennent du dehors. Une conscience isolée n'aurait conscience de rien, de même qu'un cerveau qu'aucun mouvement des fibres afférentes ne pourrait atteindre resterait impassible. A la première il faut la sensation, comme au second l'excitation. La psychologie doit donc en premier lieu s'attacher à l'étude des sensations puisqu'elles sont les données de toute vie mentale. Mais la sensation est un fait complexe : la psychologie moderne y distingue l'*intensité* et la *qualité*, et dans la qualité même deux éléments différents, le *ton affectif* ou *émotif*, et les données *cognitives* ou *représentatives*. L'étude des sensations se divise donc elle-même en trois parties distinctes : étude de l'intensité ou mesure psycho-physique des sensations, étude du plaisir et de la douleur considérés dans leur liaison avec la sensation, étude de toutes les données représentatives dues aux sensations diverses, visuelles, auditives, tactiles, gustatives, olfactives, végétatives et musculaires. A l'ensemble de tous ces faits, qui ont ce caractère commun d'être des faits sensibles, il est permis de donner, sous les réserves faites plus haut, le nom de **sensibilité**.

Mais si la sensation vient en partie des objets extérieurs ou, plus exactement, des impressions multiples

qu'ils .font sur les centres nerveux, en partie aussi elle
dépend de la conscience et de ses lois formelles. Kant a
soutenu qu'il entre dans la sensation des éléments
a priori qui, ne pouvant venir des sens ni de l'expérience,
auraient leur origine dans certaines *formes pures de l'intuition sensible* : tels seraient l'espace, forme des sensations externes ou du *sens extérieur*, et le temps, forme
des états internes de la conscience ou du *sens intérieur*.
Quoi qu'il en soit de l'opinion de Kant, c'est un fait
constant que toutes les sensations, considérées comme
des états de conscience, sont ordonnées sans exception
dans la durée et nous apparaissent comme successives ;
c'en est un autre que toutes les sensations, du moins en
tant que cognitives ou représentatives, sont rapportées
à des lieux d'origine dans un espace à deux ou à trois
dimensions. L'étude complète des sensations soulève
donc le problème de la genèse des idées de l'espace et
du temps, mais du même coup nous introduit dans la
partie de la psychologie qui traite des conditions générales de la représentation : avec la localisation précise
des objets dans l'espace apparaît en effet la *perception*,
de même qu'avec la succession des sensations dans le
temps apparaît la *mémoire*, l'une aussi loin de la sensation brute et des apports empiriques que l'autre est
près de la conscience avec laquelle elle se confond.

L'élaboration par la conscience des données sensibles
de la connaissance commence donc, à vrai dire, dès la
première *appréhension* des choses par l'esprit : cependant, sous le nom de sensation, nous entendons ce qui
vient surtout des choses et de l'excitation, et sous le
nom de concepts les produits de l'application des formes
de la conscience à ces données sensibles.

La plus frappante de ces formes est la puissance
d'effectuer des synthèses, qui revient au fond à celle de

saisir des ressemblances et des différences ; parce qu'il distingue et compare, l'esprit est capable de juger, d'abstraire, de généraliser, enfin de raisonner et de déduire : l'entendement appartient à toute vie psychique qui, attentive aux ressemblances, les poursuit et les recherche, qui est douée en un mot non seulement, comme disait Leibnitz, de *perception*, mais en outre d'*aperception*.

Ce n'est pas tout : la marque de l'esprit n'est pas seulement de constater des ressemblances et partant de saisir des synthèses toutes faites ; elle est dans la puissance de produire ces dernières, de projeter dans les données de la connaissance quelque chose des déterminations de l'esprit, de créer en un mot non seulement les rapports, mais la raison et le sens des rapports. L'esprit est en ce sens une puissance continue de détermination et d'invention, qui arrange en séries ses représentations, qui leur impose un ordre de finalité, et qui dans la série des faits de la nature, retrouve, en la devinant, l'invention créatrice d'où ils procèdent eux-mêmes : connaître la nature, c'est donc pour la pensée, comme disait Kant, déterminer des *objets* de pensée, avec les éléments que la nature nous donne dans l'acte de sentir ; c'est du même coup déterminer les causes et les effets ou d'un seul mot, qui résume tout le reste, c'est induire. Induction et jugement, puis abstraction, généralisation et raisonnement, qui découlent du jugement, représentent ainsi tous les produits de la synthèse mentale et les opérations de l'entendement humain ou de l'intelligence.

Telles sont, à notre avis, les formes et les lois d'où résulte, en même temps que des formes de la sensation, la suite des états concrets de la conscience ; l'*association* des phénomènes psychiques, dont les psychologues anglais faisaient la loi capitale de l'esprit, n'est qu'une conséquence de fait de ces lois fondamentales et en définitive y trouve sa raison.

Mais en vertu même de sa puissance *synthétique* et *inventive*, la conscience est au fond maîtresse de ses représentations, de ses états et de ses actes ; loin d'être simplement le lieu où ils se déroulent ou la somme irréelle et purement nominale d'états sans consistance, elle est la loi qui les ordonne, qui les intègre et qui les détermine, elle est création et *liberté*. De là sans doute l'impulsion inhérente à tout état psychique, impulsion qui pour être efficace sur l'organisme tend à revêtir des formes imaginatives et affectives, et qui devient ainsi l'obscur besoin de la vie réflexe, le besoin et le désir de la vie instinctive, enfin dans l'homme la claire réflexion et la lutte des désirs, ou d'un seul mot la **volonté**.

La psychologie nous paraît donc avoir trois parties essentielles, comme la vie psychique a trois fonctions distinctes et le système nerveux trois fonctions organiques. Avec les faits sensibles, intellectuels et volontaires elle épuise le contenu de toute la vie mentale, aussi sûrement qu'il n'y a que trois phases dans toute action nerveuse : la phase des apports ou de l'excitation, la désintégration ou le travail des centres, enfin la réaction centrifuge et motrice. La vie de la conscience nous semble, en résumé, si étroitement unie au système qui préside, dans la vie organique, à la coordination des impressions et des mouvements qu'on chercherait en vain dans l'une un acte ou un état qui n'intéresse l'autre.

L'une est bien loin pourtant de n'être que l'aspect intérieur et mental, ou, comme l'a dit Maudsley, que le reflet des fonctions de l'autre : dans la trame des faits conscients et nerveux, leurs relations refusent de se laisser ramener à un parallélisme qui, en visant à les confondre, n'aboutirait en somme qu'à les séparer et qu'à réaliser en nous deux vies aussi profondément distinctes, aussi étrangères l'une à l'autre que le seraient, selon le mot de Gœthe, « les enfants de deux mondes ». Dans la réalité tous les faits se pénètrent, et tous sans exception retiennent en leur essence la parcelle d'énergie dépensée pour les produire ; s'ils sont des résultats, ils sont aussi des causes ; et rien n'existe, dans l'univers, qui n'agisse ou ne réagisse, rien qui ne soit pour sa part un élément et un facteur de l'existence totale. Comment enlever dès lors au phénomène psychique l'énergie qui lui revient ? pourquoi dans les séries des faits qui se déroulent se trouverait-il atteint par une loi d'exception ? et quand par sa nature il apparaît, dans toute l'étendue du monde des phénomènes, comme le point unique où les fragments épars de l'énergie totale se rapprochent et s'unissent, où l'unité du monde reprend dans la synthèse la conscience et peut-être la direction de soi, comment croire qu'il pénètre à ce point jusqu'au cœur de la réalité, et qu'il reste pourtant, de tous les phénomènes, le seul qui lui soit étranger ?

Bien plutôt dirions-nous qu'il n'est en elle rien qui lui soit si intime, rien qui nous mette en tout cas si près d'elle et qui puisse sans son aide nous en dire les secrets et les lois. La psychologie, en ce sens, n'est pas seulement une science indépendante ; elle est en outre la seule science qui nous ouvre une vue sur les choses et qui puisse nous donner la féconde espérance d'en pénétrer le sens.

Bibliographie.

— Ribot, *la Psychologie anglaise contemporaine*, introduction.
— Jouffroy, *Mélanges philosophiques*, et *Nouveaux mélanges philosophiques.*
— Garnier, *Traité des Facultés de l'âme.*
— Wundt, *op. cit.*, introduction ; — t. I, sect. ɪ, ch. v ; — t. II, sect. v.
— H. Spencer, *Principes de psychologie, passim.*
— W. James, *Action réflexe et théisme*, conférence traduite en français et publiée dans la *Critique philosophique*, t. XXII.
— Pierre Janet, *op. cit.*
— Romanes, *op. cit.*, ch. ɪv.
— V. Egger, *op. cit., passim.*
— Ch. Richet, *Essai de psychologie générale.*
— Id., trois articles sur *les Réflexes psychiques*, dans la *Revue philosophique*, mars, avril, mai 1888.
— Fouillée, *Articles cités* de la *Revue philosophique*, février, mars, avril 1890.

TABLE DES MATIÈRES

CHAPITRE PREMIER. — *Définition et objet de la science psychologique*.. 1

    I. — La psychologie scientifique ; comment elle se distingue de la psychologie métaphysique.......... 1

    II. — Définition des faits psychiques : — objet de la psychologie en général........................... 7

    III. — Les signes des faits psychiques ; les conditions de leur valeur..................................... 12

    Bibliographie.. 16

CHAPITRE II. — *Distinction des phénomènes psychologiques et des phénomènes physiologiques. — Indépendance de la psychologie comme science*.. 18

    I. — Étroite solidarité des phénomènes psychologiques et des phénomènes physiologiques................. 18

    II. — La conscience n'est-elle donc qu'un « reflet » ou qu'un « luxe » ?................................ 24

    III. — Distinction des faits psychiques et des faits physiologiques.. 33

        A. Différence tirée de la nature des faits psychiques. 35

        B. Différence tirée de l'action déterminante des faits psychiques............................... 42

    Bibliographie.. 50

CHAPITRE III. — *La méthode en psychologie*................. 51

    I. — L'introspection, procédé de simple observation ; — ses défauts apparents ; psychologie descriptive........ 52

II. — L'analyse et la psychologie. — Psychologie anglaise et psychologie allemande. — L'expérimentation en psychologie et la psychologie physiologique.. 68

III. — La vraie méthode psychologique, à la fois introspective et expérimentale..................... 82

Bibliographie................................ 94

CHAPITRE IV. — *Classification des faits psychologiques. — Plan général d'une étude scientifique de la psychologie*........... 96

I. — La classification des phénomènes psychiques et la doctrine des facultés de l'âme................ 99

II. — Trois fonctions de la vie psychique : — affective, — représentative, — volitive.................. 115

III. — Les développements divers de la vie mentale : — action réflexe, — instinct, — volonté. — Psychologie générale et psychologie humaine. — Conclusion....................... 125

Bibliographie................................ 136

7083-90. — CORBEIL. Imprimerie CRÉTÉ.

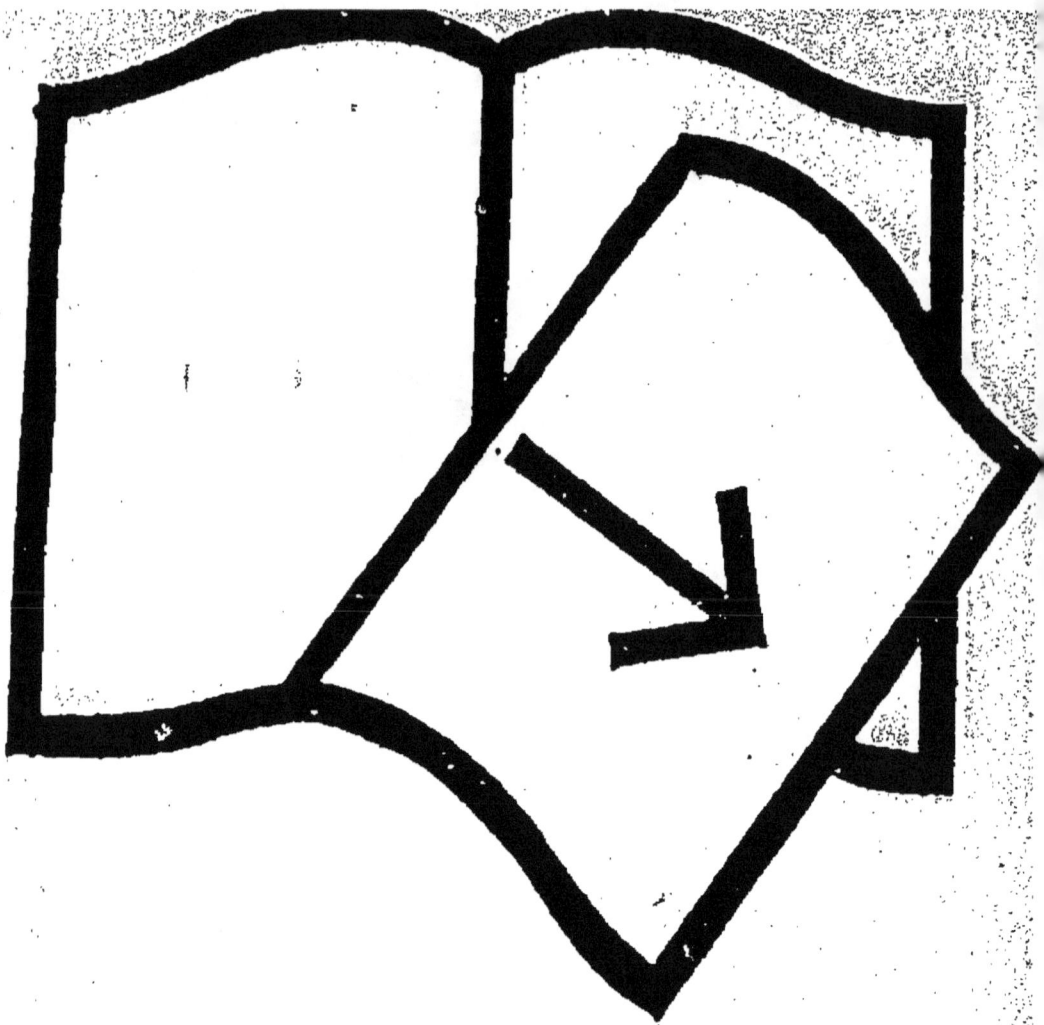

Documents manquants (pages, cahiers...)
NF Z 43-120-13

www.ingramcontent.com/pod-product-compliance
Lightning Source LLC
Chambersburg PA
CBHW070801290326
41931CB00011BA/2094